Unseren Kindern Konny und Lucia

Katharina Bäcker-Braun

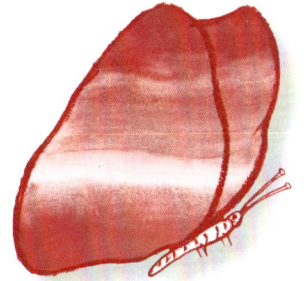

Kluge Babys – Schlaue Kinder

Grundlagen, Spiele
und Ideen zur
Intelligenzentwicklung

Gerne nehmen wir Ihre Anregungen, Wünsche,
Kritik oder Fragen entgegen:
Don Bosco Medien GmbH, Sieboldstraße 11, 81669 München
Servicetelefon: 089 / 48008-341

Mehr von Katharina Bäcker-Braun bei Don Bosco

ISBN 978-3-7698-1915-1   ISBN 978-3-7698-1731-7

Bibliografische Information der Deutschen Nationalbibliothek

Die Deutsche Nationalbibliothek verzeichnet diese Publikation in der
Deutschen Nationalbibliografie; detaillierte bibliografische Daten sind
im Internet über http://dnb.d-nb.de abrufbar.

4. Auflage 2012 / ISBN 978-3-7698-1666-2
© 2008 Don Bosco Medien GmbH, München
www.donbosco-medien.de
Illustrationen: Gertraud Funke
Umschlag: ReclameBüro, München, unter Verwendung einer Illustration
von Gertraud Funke
Notensatz: Nikolaus Veeser, Schallstadt
Lektorat: UNGER-KUNZ. Lektorat & Redaktionsbüro, Undorf
Satz: undercover, Aletshausen-Winzer
Druck: Don Bosco Druck & Design, Ensdorf

Gedruckt auf umweltfreundlichem Papier

Inhalt

Zum Beginn

„Was ich höre, vergesse ich,
was ich sehe, erinnere ich,
was ich tue, verstehe ich."
Chinesisches Sprichwort

Viele Eltern stehen heute zunehmend unter Druck. Sie wollen für ihre Kinder das Bestmögliche, und dies auch im Bildungsbereich. Angesichts der aktuellen Entwicklungen in der Vor- und Frühpädagogik – Bildungspläne und „Spezialkurse" für Bewegung, Musik und Fremdsprachen machen inzwischen auch vor Kleinkindern nicht Halt – sind sie jedoch zunehmend verunsichert.

Dieser Verunsicherung entgegenzuwirken, ist eines der Hauptanliegen dieses Buches. Es will dazu beitragen, das Vertrauen in die ureigenen Entwicklungsfähigkeiten von Kleinkindern zu stärken, gemäß dem Motto: „Eine Pflanze wächst nicht schneller, wenn man an ihr zieht!"

Und wie die Pflanzen, so brauchen auch unsere Kinder einen guten „Nährboden", in dem sie „wurzeln" können. Sie brauchen einen „Nährboden", der ihnen ausreichend körperliche, geistige und seelische „Nahrung" bietet, und wie die Pflanze für ihr Wachstum Licht und Sonne benötigt, so brauchen Kinder für ihre Entwicklung Vertrauen und Liebe.

Schon Kleinkinder wollen sich in all ihren Facetten und mit all ihren Fähigkeiten entwickeln, wollen sich eine breite Basis an Spiel- und Lernerfahrungen erobern. Mit unerschöpflicher Energie üben sie sprechen und laufen, entdecken spielerisch mathematische Grundprinzipien und zeigen eine angeborene Lust auf Singen und Musik. Auch kleine Kinder erfassen bereits räumliche Dimensionen, wollen die Natur erleben und Spiritualität entdecken. Und sie müssen lernen mit anderen – mit Kindern und Erwachsenen – umzugehen. Dieses Lernpensum der ersten drei Lebensjahre hat ein gigantisches Ausmaß. Erwachsene, so hat die italienische Kinderärztin und Pädagogin Maria Montessori einmal gesagt, bräuchten 60 Jahre Zeit, um das Gleiche zu lernen (Montessori, 1994, S. 35)!

Bildung beginnt demzufolge nicht erst im Kindergarten oder gar in der Schule. Kinder lernen immer, mit jeder neuen Erfahrung – und das vom Anfang ihres Lebens an!

Dieses Buch will deswegen allen, die privat oder beruflich mit kleinen Kindern zu tun haben – also den Eltern, Großeltern und Tageseltern genauso wie den Erzieherinnen und Erziehern –, bewusst machen, welches Wunder sich in unseren Babys und Kleinkindern vollzieht, und wie sie diese in ihrem Lernhunger unterstüt-

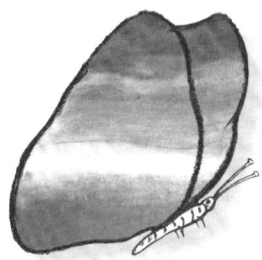

zen können. Dabei habe ich bewusst eine Darstellungsform gewählt, in der aktuelle Forschungsergebnisse zur frühkindlichen Entwicklung mit vielen praktischen Beispielen für Spielspaß in allen Entwicklungsbereichen des Kindes kombiniert werden. Hieraus ergibt sich ein breiter Fundus an Anregungen, aus dem Erziehende und alle an der Entwicklung von kleinen Kindern Interessierte schöpfen können.

Kinder wollen die Welt mit allen Sinnen erkunden und genießen – drinnen und draußen. Mit einfachen und elementaren Spielen und Spielzeug, das nicht viel kostet, können sie ihre Intelligenzentwicklung gemäß ihrem eigenen, ganz individuellen Entwicklungstempo selbst steuern. So haben z. B. auch Reime, Fingerspiele und Kinderlieder ihre Bedeutung für die Förderung der frühkindlichen Entwicklung nicht eingebüßt, auch wenn sie vielen Eltern (oder Erzieherinnen) heute nicht mehr so präsent sind.

Kinder wollen erleben und begreifen, erkennen und daran wachsen – aber was sie dafür brauchen, und was auch für uns Erwachsene noch wertvoller ist als Geld, das ist die Zeit, die wir mit ihnen verbringen! Kleinkinder brauchen also vor allen Dingen Erwachsene, die sich die Zeit nehmen, ihnen den Boden für ihre Entwicklung zu bereiten, die ihnen „Denkfutter" anbieten. Und schließlich bedeutet Zeit für Kinder zu haben auch für uns selbst, Zeit geschenkt zu bekommen! Die gemeinsame Zeit mit unseren Kleinkindern beschert auch uns „Geschenke" für unsere eigene Entwicklung. Darauf sollen die „Schätze für uns Erwachsene" aufmerksam machen, die Sie in den jeweiligen Abschnitten entdecken werden und die Sie in Ihrer imaginären Schatzkiste für sich persönlich sammeln können.

Ich wünsche Ihnen und Ihren Kindern erlebnisreiche, gemeinsame und glückliche Stunden mit dem vorliegenden Fundus an Informationen und Spielen.

Katharina Bäcker-Braun

Kapitel I

Wie Kinder unser Leben bereichern

„Drei Dinge sind uns aus dem Paradies geblieben:
Die Sterne der Nacht, die Blumen des Tages und die Augen der Kinder"
Dante Alighieri, italienischer Dichter (1265 – 1321)

„Kinder sind ein Knopfloch ins Paradies", sagt uns ein altes Sprichwort; Kinder sind aber auch ein Knopfloch in den Stress, würden jetzt viele Eltern – und vor allem die Medien – entgegnen. Wie so oft, liegt die Wahrheit vermutlich auch hier irgendwo dazwischen, denn es kommt dabei ganz auf die Perspektive an:
Wenn wir den Blick darauf richten, welche Momente des Glücks uns unsere Kinder ermöglichen und was wir von ihnen und durch sie lernen und erfahren dürfen, dann werden wir auch die belastenden Zeiten leichter ertragen. Wir wollen uns deshalb an dieser Stelle zunächst einmal auf den Weg machen, die Schätze zu entdecken, die das Leben mit Kindern für unsere eigene Entwicklung bereithält.

Kinder stärken unsere Energie und Frustrationstoleranz
Wenn wir kleine Kinder beobachten, verblüffen sie uns mit ihrer schier unerschöpflichen Energie und ihrem Tatendrang. Wir können uns davon anstecken lassen, jeden Tag aufs Neue. Und was sie uns in ihrem Tatendrang vor allem zeigen, das ist Frustrationstoleranz. Sie geben nicht auf – egal, welches Hindernis sich ihnen in den Weg stellt. Sie sind enttäuscht, weinen, werden wütend, wenn etwas nicht so funktioniert, wie sie es gerne hätten –, aber sie versuchen es erneut. Die schönsten Beispiele liefern uns Kinder, die gerade laufen lernen. Sie fallen so oft hin und stehen wieder auf, bis sie ihr Ziel – laufen zu können – erreicht haben. Ein gesundes Kind wird seine Bemühungen in dieser Hinsicht niemals vorher einstellen!

Kinder wecken neue Fähigkeiten und Fertigkeiten in uns
Wenn wir mit kleinen Kindern zusammenleben, bilden wir oft Fähigkeiten aus, die wir ohne sie nicht hätten. Wir müssen Geduld lernen, wir üben uns in Zuversicht und wir wachsen über unsere früheren Kräfte hinaus, indem wir z. B. mit einem ständigen Schlafdefizit leben, Erschöpfungszustände meistern oder Profis darin werden, mehrere Tätigkeiten gleichzeitig auszuführen. Manche verloren geglaubten Fähigkeiten und Fertigkeiten, wie das Singen, Malen oder Basteln holen wir wieder aus unserem eigenen Erfahrungsschatz hervor und beleben sie neu, oder

wir entdecken sie auch erst neu mit unseren Kindern. Spaß an Spontanität und Kreativität beleben uns, denn hier ist nicht das Ergebnis entscheidend, sondern das Tun an sich – der Weg ist das Ziel!

Kinder erziehen uns zu Echtheit und Wahrhaftigkeit

Kleine Kinder verhalten sich immer echt und unverfälscht. Sie spielen uns nichts vor, was sie nicht sind. Sie sind wahrhaftig. Ihre Handlungen und ihr Verhalten spiegeln unmittelbar ihren jeweiligen seelischen Zustand wieder. Kompromisslos werden Lust und Unlust, Wünsche und Sehnsüchte, Wut und Verzweiflung, Zuneigung und Abwehr gezeigt. Und das kann für Erwachsene sehr lehrreich sein, denn die Kinder halten uns in ihrer Natürlichkeit einen Spiegel vor: Halten wir uns manchmal mehr zurück als nötig? Setzen wir uns für unsere Bedürfnisse genauso intensiv ein, wie Kinder das tun?

Kinder leben uns das Lieben und Verzeihen vor

Kinder lieben ihre Eltern kompromisslos und geben ihre Zuneigung voraussetzungslos jedem Menschen, den sie wirklich in ihr Herz geschlossen haben. Und sie verzeihen uns, wenn wir uns falsch verhalten haben. Kleine Kinder sind nicht nachtragend, sie leben im Augenblick. Auch davon können wir lernen, denn das Verzeihen fällt uns Erwachsenen oft schwer. Nehmen wir uns also ein Beispiel an unseren Kindern!

Kinder bringen uns das Staunenkönnen wieder bei

Kinder staunen über viele Dinge, die für uns selbstverständlich sind: Ein Blatt, eine Murmel, ein Käfer oder Regentropfen, die in eine Pfütze fallen – all diese Dinge lösen bei ihnen einen Gesichtsausdruck aus, der zeigt, wie „wunder"-bar diese Augenblicke für sie sind. Sie sehen in einer Blume, einem Blatt, einem Käfer noch das Wunder, das diese Dinge wirklich sind. Wir können uns von diesem Staunen anrühren lassen und mit ihnen gemeinsam in die Welt unserer „alltäglichen" Wunder eintauchen.

Kinder fordern Klarheit und Aufmerksamkeit von uns

Im Alltag mit unseren Kindern müssen wir immer wieder unser Verhalten und unsere Wünsche begründen. Wir lernen also, uns klar zu verhalten und auszudrücken. Kinder merken es sofort, wenn wir unsicher sind. Zudem lernen wir, genau hinzusehen und achtsam zu sein: Was braucht unser Kind jetzt? Warum verhält es sich anders, als wir erwartet hatten?

Kinder bringen uns dazu, uns wieder Zeit zu nehmen

Mit Kindern lernen wir außerdem, uns Zeit zu nehmen. Viele Erwachsene machen die Erfahrung, dass Kinder oft genau entgegengesetzt reagieren, wenn wir ihnen Zeitdruck signalisieren, d. h., sie werden dann noch langsamer. Sie sind also quasi unsere „Entschleuniger" und lehren uns das „Geheimnis der Langsamkeit".

Kinder bewegen uns dazu, über die eigene Kindheit nachzudenken

Da wir das Elternsein nicht wie einen Beruf erlernen können, erinnern wir uns, wenn wir Mutter oder Vater sind, oft an unsere eigene Kindheit: Wie war das in meiner Familie? Wie haben meine Eltern auf eine bestimmte Situation reagiert? Manches werden wir im Rückblick für gut befinden und verstehen, einiges werden wir ganz anders machen. Im nochmaligen Erleben von Kindheit mit unseren eigenen Kindern haben wir die Chance, wiederzubeleben, was für uns selbst damals schön war. Wir haben aber auch die Chance, uns mit negativen Kindheitserlebnissen, die wir in den Hintergrund unseres Bewusstseins gedrängt haben, auszusöhnen. Und wir können vielleicht aus unserer jetzigen Elternperspektive heraus ein neues Verständnis für die Situation unserer Eltern entwickeln.

Kinder sind die „Tür" zu einer neuen Lebensphase

Mit Kindern müssen wir unsere bisherige Lebensweise ändern, uns als Mutter oder Vater neu orientieren. Freiheit, Unabhängigkeit und materielle Güter treten zwangsläufig mehr in den Hintergrund. Genau darin liegt auch unsere Chance, denn alles, was unser bisheriges Leben bestimmte, sehen wir nun in einem neuen Licht: unseren Beruf, unsere Partnerschaft, unsere Hobbys u.v.a.m.

Kinder stellen uns in dieser Hinsicht vor völlig neue Herausforderungen. Was war uns bisher wichtig und was soll uns in Zukunft wichtig sein? Welche Wertvorstellungen haben bisher unser Leben geprägt und welche sollen es künftig sein? Die Geburt eines Kindes ist nicht nur der bloße Übergang von einer Zweierbeziehung zu einer Dreierbeziehung – mit ihr vollzieht sich an uns eine grundlegende Verwandlung.

Die Verantwortung für ein Kind, das vollkommen auf uns angewiesen ist – auf unseren Schutz und unsere Unterstützung –, lässt uns Höhen und Tiefen erleben: In einem Moment genießen wir Glück und Nähe, im nächsten Moment können wir uns niedergeschlagen oder verzweifelt fühlen, denn das Leben mit Kindern bedeutet auch zusätzliche Arbeit, Verzicht, Sorgen, Auseinandersetzungen und Streit. Natürlich – kleine Kinder fordern uns oft bis zur Erschöpfung, stehlen viele unserer Nächte sowie unsere Zeit und treiben uns manchmal sogar fast in den Wahn-

sinn. Aber wenn wir in ihre Augen schauen, ihr Lachen hören und ihre Fröhlichkeit erleben dürfen, dann begreifen wir, dass sie das schönste Geschenk des Lebens sind. Und plötzlich wissen wir wieder, warum wir Kinder haben, uns um Kinder kümmern, uns um Kinder sorgen und ihnen eine bestmögliche Zukunft gewähren wollen! Leben mit Kindern ist also Leben pur in all seinen Facetten. Wo finden wir sonst noch eine solche Bandbreite und Dichte des Erlebens?

> „Ohne Dich wär'n viele Tage einfach so vorbei gerauscht.
> Auch wenn nicht die Sonne schien, ich hätte nie getauscht."
> *(Rolf Zuckowski)*

Wenn wir zudem wissen, was in unseren Kindern vor sich geht, was wir mit ihnen alles gemeinsam erleben können und wie wir vielleicht auch selbst davon profitieren können – und wenn es uns gelingt, die Schätze zu entdecken, die die Erziehung unserer Kinder für uns selbst bereithält, dann können wir die Zeit mit unseren Kleinen noch mehr genießen – zum Wohle unserer Kinder und von uns selbst.

Kapitel II

Wissenswertes zur Gehirnentwicklung bei Babys und Kleinkindern

„Wir lernen trinken, laufen, sprechen, essen, singen, lesen, Rad fahren, schreiben, rechnen, Englisch und uns zu benehmen – mit mehr oder weniger Erfolg."
Manfred Spitzer, Neurologe

Was in den Köpfen ihrer Kinder so vor sich geht, das fragen sich wohl die meisten Eltern, die die rasante Entwicklung ihrer Kleinen beobachten. Diese Frage stellt sich aber auch die Hirnforschung, die seit einigen Jahren aufgrund neuer Methoden und Erkenntnisse einen enormen Aufschwung erlebt. Erstmals fließen jetzt die Ergebnisse der Hirnforschung und diejenigen der Erziehungswissenschaften zusammen, oder anders ausgedrückt: Wir können jetzt vieles von dem bestätigen, was Erziehende intuitiv schon lange wussten, nur jetzt kennen wir auch die wissenschaftlichen Hintergründe dazu.

Damit werden nicht nur unsere alten Reime und Fingerspiele, Kinderlieder und einfachen, kindgerechten Beschäftigungen „hoffähig", sondern es ist jetzt auch auf wissenschaftlicher Basis bewiesen, dass Spielen eben mehr ist als nur bloße „Spielerei". Spielen ist zugleich auch Lernen, und Lernen ist Bildung von Anfang an. Der bekannte Hirnforscher Manfred Spitzer meint hierzu: „Wenn es etwas gibt, was Menschen vor allen anderen Lebewesen auszeichnet, dann ist es die Tatsache, dass wir lernen können und dies auch zeitlebens tun!" (Spitzer, 2002, S. XIII).

Was passiert in den Köpfen unserer Babys und Kleinkinder?

Unser Gehirn enthält viele Milliarden (nämlich 10^{12}) Neuronen, d. h. Nervenzellen, die sich im Laufe seiner Entwicklung miteinander verknüpfen und so zu seiner Strukturierung führen. Die Neurogenese, also die Entstehung dieser Neuronen, vollzieht sich beim Ungeborenen in einer atemberaubenden Geschwindigkeit: Da bereits nach der Hälfte der Schwangerschaftszeit der weitaus größte Teil der Neuronen vorhanden ist, beträgt die Produktionsrate im Gehirn des Embryos bzw. Fetus eine halbe Million Nervenzellen pro Minute! Ein Baby ist also bei der Geburt beileibe kein „unbeschriebenes Blatt" mehr, wie man lange annahm, in das man dann mit einer Art „Nürnberger Trichter" einfach das Wissen hineinfüllt. Nach der Geburt entstehen auch keine Neuronen mehr, aber dafür beginnt jetzt mit einer

ebenso rasanten Geschwindigkeit die Verschaltung dieser Nervenzellen. Sie dauert bis in das zweite Lebensjahr. In Spitzenzeiten, so die Hirnforscherin Lise Eliot, werden dann an jedem Neuron etwa 15 000 Synapsen, d. h. Kommunikationspunkte mit anderen Nervenzellen, erzeugt.

Während dieser Phase, so Eliot weiter, lässt sich die Entwicklung des kindlichen Gehirns mit der Entstehung eines neuen Waldes vergleichen, in dem die um Licht wetteifernden Schösslinge aufwärts streben und sich erweitern, und wie ein sich rasch verdichtendes Blätterdach wächst die Großhirnrinde während des ersten Lebensjahres auf die dreifache Dicke an (Eliot, 2001, S. 43).

Mit seinen Milliarden von Neuronen und gut einer Billiarde von Synapsen (Verschaltungsstellen) mutet unser Gehirn wie ein Ehrfurcht gebietender überdimensionaler Schaltplan an. Das kindliche Gehirn produziert in den ersten zwei Jahren überdies einen riesigen Überschuss an Synapsen, da es noch nicht „weiß", was es später davon braucht, d. h. wie seine weitere Formung im zukünftigen Leben des Menschen verlaufen wird (Hüther, 2006, S. 9). Ab einem Alter von zwei Jahren werden dann diejenigen überschüssigen Verschaltungen, die nicht mehr gebraucht werden, wieder abgebaut.

Wie entstehen die neuronalen Verknüpfungen im kindlichen Gehirn?

Alles, was Babys und Kleinkinder lernen, hat seinen Ursprung in einem Reiz, d. h., sie fühlen, sehen, riechen, schmecken oder hören etwas. Dieser Reiz trifft dann, vermittelt durch einen der Wahrnehmungssinne, auf ein Neuron im Gehirn, das einen elektrischen Impuls aussendet. Das Neuron „sendet" quasi (in der Fachsprache wird dies als „feuern" bezeichnet), und über einen chemischen Botenstoff entsteht dann eine Verschaltung mit dem „angefunkten" Neuron, d. h. eine Synapse. Je öfter der betreffende Reiz wiederholt wird, desto intensiver kann er sich in Form dieser spezifischen Verschaltung verankern und das Gehirn „lernt", dass dieser Reiz, also z. B. ein Laut, etwas Bestimmtes bedeutet: „Es werden nur jene Synapsen gefestigt, die durch vermehrte und wiederholte Synapsenaktivität, z. B. einen umweltbedingten Reiz, gekennzeichnet sind. Sie werden mit anderen, stärkeren Synapsen verbunden (...), die nutzlosen und wenig aktivierten Synapsen werden reduziert" (Steiger, 2005, S. 20). Mit dem Spruch „Übung macht den Meister" hat dies der Volksmund bereits intuitiv erkannt, denn nur durch Wiederholung wird das Gelernte in unserem Langzeitgedächtnis abgespeichert, d. h., unser Gehirn betrachtet es als ausreichend bedeutsam, um es sich zu merken.

Alles, was wir erleben, erzeugt also neuronale Verbindungen in unserem Gehirn. Und das, was wir häufig erleben, hinterlässt tiefere Spuren oder „Trampelpfade", wie Manfred Spitzer betont. Er vergleicht das Lernen mit einer Schneefläche, auf der zuerst nur wenige Menschen auf ihrem Weg zu einem Ziel, z. B. einem Kiosk, eine schmale Spur erzeugen, allmählich aber immer mehr, bis irgendwann eine breite, gut sichtbare Spur entsteht (Spitzer, 2006, Vortrag).

Unsere intellektuelle Entwicklung – Produkt unserer Gene oder unserer Umwelt?

Die Hirnforschung ist sich mittlerweile einig darüber, dass Gene nur zu etwa 50 % an unserer intellektuellen Entwicklung beteiligt sind. Dies bedeutet, so wiederum Lise Eliot, „dass die Eltern sehr wohl eine Menge tun können, um die intellektuellen Aussichten ihrer Kinder zu verbessern. Der Beginn des Lebens, wenn sie noch maßgeblich die Umwelt ihres Kindes bestimmen, ist die beste Zeit, um seine Intelligenz und all die anderen Eigenschaften zu fördern – Aufmerksamkeit, Motivation, Ausdauer, Neugier –, die darüber entscheiden, ob es [das Kind, Anm. d. Vf.] seine Intelligenz bestmöglich nutzen kann." (Eliot, 2001, S. 621). Für Eliot ist es deshalb kein Zufall, dass die soziale Umwelt ihren mächtigsten Einfluss auf das kindliche Gehirn in einem Alter ausübt, in dem dieses die größte Formbarkeit aufweist, d. h. in einem Alter, in dem Kinder für alles, was ihre Eltern ihnen beibringen, am empfänglichsten sind. Die Umwelt und die unmittelbare Umgebung beeinflussen deshalb direkt und fortwährend die strukturelle Ausformung und die Funktionsentwicklung des kindlichen Gehirns. In jedem Gehirn entsteht auf diese Weise eine Art persönlicher, individueller „Landkarte". Jedes Gehirn ist also einzigartig, denn es wird dadurch geformt, was es wahrnimmt.

Lernen passiert nebenbei, d. h., unsere Kinder lernen immer, ja – so Spitzer –, sie können gar nicht anders (Spitzer, 2006, Vortrag). Aber es liegt an uns, ihnen die entsprechenden Angebote, Möglichkeiten und Methoden bereitzustellen und ihnen dann auch die dafür notwendige Zeit zu geben, sie also nicht zu überfordern. Denn das Wegenetz dieser „Landkarte" braucht Zeit zur Entstehung!

Wie „Zeitfenster" die intellektuelle Entwicklung steuern

Der Spruch „Was Hänschen nicht lernt, lernt Hans nimmermehr" wird in gewisser Weise durch die neuesten Ergebnisse der Hirnforschung bestätigt: Forscher haben herausgefunden, dass Kleinkinder für neue Erfahrungen, die für den Lernvorgang von zentraler Bedeutung sind, in bestimmten Altersabschnitten – auch „Zeitfenster" genannt – besonders empfänglich sind.

Auch die italienische Kinderärztin und Pädagogin Maria Montessori sprach bereits von „sensiblen Perioden", in denen die Kinder eine „gesteigerte Empfänglichkeit" für den Erwerb bestimmter Fähigkeiten besitzen. Sobald diese Fähigkeit erlernt ist, klingt diese Empfänglichkeit wieder ab. Montessori verglich diese sensiblen Phasen mit einem Scheinwerfer, der einen bestimmten „inneren Bezirk" im Kind taghell erleuchtet. Diese innere Empfänglichkeit bestimmt ihr zufolge auch, welche spezifischen Reize die Kinder aus der Vielfalt von Eindrücken in ihrer Umwelt aufnehmen: „Sobald eine solche Empfänglichkeit in der Seele des Kindes aufleuchtet, ist es, als ob ein Lichtstrahl von ihr ausginge, der nur bestimmte Gegenstände erhellt, andere hingegen im Dunkel lässt." (Montessori, 1994, S. 81). Die innere Empfänglichkeit legt damit auch fest, welche Situationen und Erfahrungen für das jeweilige Entwicklungsstadium der Kinder am vorteilhaftesten sind. Und

jede dieser neuen Erfahrungen verursacht eine neue Verschaltung im Gehirn. Wer zum Beispiel eine Sprache nicht schon als Kleinkind erlernt, der wird im späteren Alter größere Anstrengungen dafür aufwenden müssen.

Ältere Kinder und Erwachsene lernen anders. Sie integrieren Lerninhalte in ihr bereits vorhandenes neuronales Netzwerk, bleiben daher aber bis in das hohe Alter lernfähig.

Auf die richtigen Rahmenbedingungen kommt es an

Kindern müssen wir die Freude am Lernen, die Lust am Entdecken und die Begeisterung am Gestalten nicht erst beibringen. Kleine Kinder sind so offen für alles, was es in der Welt zu entdecken gibt, wie nie wieder in ihrem späteren Leben. Es liegt aber an uns, ihnen diese Welt zu eröffnen und Gelegenheiten zu bieten, sich umfassend und ganzheitlich bilden zu können. Unsere Kinder brauchen also für ihre intellektuelle Entwicklung die geeigneten Rahmenbedingungen und dazu gehören vor allem Vertrauen und ein positives Lernumfeld sowie die nötige Zeit und Ruhe.

Vertrauen und ein positives Lernumfeld: Kinder brauchen zu allererst Vertrauen – Vertrauen in eine Person, zu der sie eine enge Beziehung aufbauen können und die ihnen Sicherheit bietet (siehe Kap. IV). Wenn sie das Verhältnis zu ihrer Bezugsperson – im Kleinkindalter in der Regel die Eltern – als gesichert erfahren, dann entdecken sie mit Freude alles Neue und damit alles „Lernbare" in ihrer Umwelt. „Immer dann", so Hirnforscher Gerald Hüther, „wenn sich ein Kind auf die Suche macht und dabei etwas findet, das ein kleines bisschen mehr ist als das, was vorher schon da war, so geht es ihm genau so, wie jedem Erwachsenen – es freut sich" (Hüther, 2006, S. 9). Diese Freude setzt im Gehirn Botenstoffe frei, die auch als „Glückshormone" bezeichneten Endorphine. Endorphine stärken überdies das Immunsystem und erhöhen die Leistungsfähigkeit. Das bedeutet, dass ein Kind alles, was es mit Freude lernt, auch intensiver lernt und dass es aufgrund der positiven Erinnerung und des Erfolgserlebnisses auch mit Freude weiterlernt. Aber es bedeutet im Umkehrschluss auch, dass alles, was ein Kind mit Angst und unter Druck lernt, im Gehirn als Angst einflößende Erfahrung abgespeichert wird. Bei der Erinnerung an das Erlernte kommt dann auch die Erinnerung an die Angst zurück. Dies wirkt sich negativ auf weitere Lernerfahrungen aus. Hüther zufolge resultieren aus Verunsicherung, Angst und psychoemotionalen Belastungen bei Kindern Defizite in der Hirnentwicklung, die sich in Form von unzureichend ausgebildeten neuronalen Vernetzungen, eingeschränkter Beziehungsfähigkeit, fehlender Neugier und mangelnder Lernfähigkeit äußern (ebd., S. 12).

Wenn Kinder dagegen ihre Lernerfahrungen mit Freude machen dürfen und überdies eine Person vorhanden ist, die sich mit ihnen gemeinsam freut, dann werden ihre positiven Emotionen verstärkt und der Funke der Begeisterung springt über. Hirnforscher nennen dies „soziale Resonanz".

Zeit und Ruhe: Damit die Verschaltungsmuster im Gehirn gefestigt werden können, müssen wir Kindern zudem viel Zeit und Ruhe zum aufmerksamen Beobachten, Üben und Ausprobieren geben. Wenn Kinder zu vielen neuen Reizen auf einmal ausgesetzt sind, finden die neuronalen Verknüpfungen nicht in dem Maße statt, wie in einer ruhigen Situation – das Gehirn wird nur verwirrt! Auch wenn wir das Spiel von Kindern ständig unterbrechen, z.B. mit eigenen Ideen oder Verbesserungsvorschlägen, stören wir ihren Lernerfolg. Maria Montessori bedauerte: „Es ist so schwierig, Erwachsene zu finden, die sich nicht in die Tätigkeit des Kindes einmischen." (Montessori, 1994, S.57). Wenn wir davon ausgehen, dass Kinder schöpferisch lernen, d.h. durch eigenes Tun, dann brauchen sie ihre eigenen Wege und Methoden dafür.

Um das neu Gelernte im Langzeitgedächtnis abzuspeichern – oder bildlich ausgedrückt – in „die richtigen Schubladen" abzulegen, benötigen Kinder ausreichend Schlaf: 10 bis 12 Schlafstunden täglich, haben Hirnforscher festgestellt. Daher fallen Kleinkinder in der Regel auch tagsüber in einen tiefen Schlaf, mit dem sie die Aufnahmefähigkeit ihres Gehirns für weiteres Lernen wiederherstellen.

Unser Gehirn – Landkarte für die unterschiedlichen Lebens- und Kulturbereiche

Schon im antiken Griechenland hatten die Gelehrten erkannt, dass unser Gehirn viele unterschiedliche Facetten hat. Trotzdem hat sich in den letzten Jahrzehnten in Form des so genannten IQ-Tests ein Verfahren zur Messung von Intelligenz durchgesetzt, das sich an oberster Stelle an den sprachlichen und mathematischen Fähigkeiten orientiert. Künstlerischen, musischen, emotionalen oder spirituellen Fähigkeiten wird dieser Test freilich nicht gerecht.

Um eine größere Bandbreite an Fähigkeiten erkennen zu können und die Förderung von Kindern bereits im frühen Kindesalter zu verbessern, entwickelte der amerikanische Hirnforscher Howard Gardner die Theorie der multiplen, d.h. vielfachen Intelligenzen (Gardner, 2005, S. 22ff.). Gardner zog Studien über Wunderkinder, durchschnittlich Begabte, Hirngeschädigte und Angehörige verschiedener Kulturen heran und entwickelte daraus die so genannten „Kernfähigkeiten". Diese Fähigkeiten ordnete er dann unterschiedlichen Intelligenzbereichen zu, wie z.B. der sprachlichen, der mathematischen, der musikalischen oder auch der emotionalen Intelligenz. Dabei betont er ausdrücklich, dass es zwar sinnvoll ist, diese Intelligenzen einzeln und für sich zu betrachten, aber dass sie im gewöhnlichen Leben harmonisch zusammenarbeiten, und nur das Zusammenspiel aller Intelligenzen, ein menschlich kompetentes Verhalten gewährleistet!

Intelligenzentwicklung mit Spiel und Spaß

Kinder in allen Entwicklungsbereichen ganzheitlich fördern

Kindern im Sinne Gardners eine ganzheitliche Entwicklung aller ihrer Fähigkeiten zu ermöglichen, also eine Entwicklung von Kopf, Herz und Hand gleichermaßen – das ist das Anliegen der folgenden Abschnitte in diesem Buch. In der nachfolgenden Zeichnung habe ich versucht, die verschiedenen Intelligenzbereiche und die Rahmenbedingungen, die zu ihrer optimalen Förderung notwendig sind, bildhaft zu verdeutlichen. Alle dort genannten Faktoren sollten zusammenwirken, damit diese einzigartige und wunderbare „Blume" der ganz individuellen Persönlichkeit unserer Kinder wachsen und zur Entfaltung kommen kann (siehe nächste Seite).

Die im Folgenden gesammelten praktischen Spielanregungen konzentrieren sich besonders auf einfache und kleinkindgerechte Spielmöglichkeiten mit Materialien, die nicht vorgefertigt sind und damit der schöpferischen Fantasie von Kindern entgegenkommen. Es werden daher Naturmaterialien und „wertfreie" Materialien bevorzugt, die in jedem Haushalt vorkommen. Ganz nebenbei zeigt sich daran, dass Spielzeug nicht viel kosten muss.

Einen besonderen Stellenwert nehmen überdies unsere überlieferten Reime und Kinderlieder ein, weil sie die Entwicklung in allen Intelligenzbereichen auf einer tieferen, ganzheitlichen Ebene unterstützen.

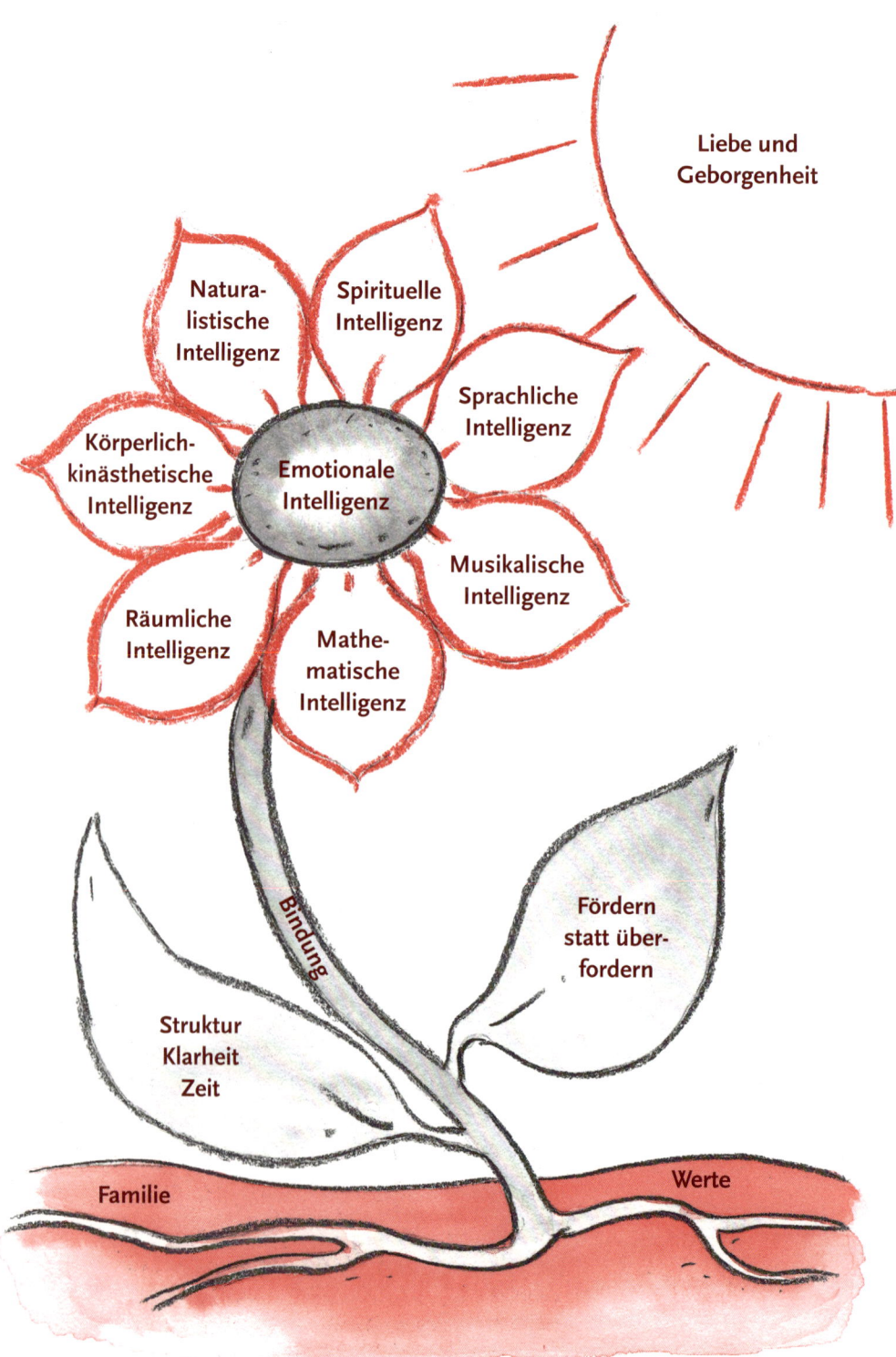

Ein Überblick zeigt, mit welchen Spielen und Aktionen die in der Zeichnung darge-
stellten Intelligenzbereiche gezielt gefördert werden können:

Intelligenzbereich	Spielaktionen
Sprachliche Intelligenz (Kap. III.1)	Kinderreime; Fingerspiele; Kniereiterspiele; Berührungs- und Kosespiele; Kinderlieder; Bilderbücher
Musikalische Intelligenz (Kap. III.2)	Hör- und Rhythmusspiele mit unterschiedlichen Materialien und selbst gebastelten Musikinstrumenten; Singen und Spiellieder
Mathematische Intelligenz (Kap. III.3)	Spiele im „Formen- und Zahlenland"; Spiele mit Farben, Strukturen und Maßeinheiten; Fingerspiele und Zählreime; Kinderlieder mit Zahlen
Räumliche Intelligenz (Kap. III.4)	Raum-Lage-Spiele; Spiele mit allen Sinnen, wie Körperspiele, Tast- und Riechspiele; Kreativitätsentwicklung mit Malspielen und Spielen mit unterschiedlichen Materialien (inkl. Rezepturen für Spielteig, Farben und Kleber)
Körperlich-kinästhetische Intelligenz (Bewegungsintelligenz) (Kap. III.5)	Gestaltung von Bewegungsräumen; Bewegungsspiele mit Haushaltsgegenständen; Bewegungs- und Tanzlieder; Lauf- und Kletterspiele; Fliegerspiele; Bewegungsspiele im Alltag
Naturalistische Intelligenz (Kap. III.6)	Spiele mit den Elementen Erde, Wasser, Feuer und Luft; Spiele im Wald und auf der Wiese; Spiele mit Steinen und mit Sand; Basteln mit Naturmaterialien; jahreszeitliche Kinderlieder und Beschäftigungen sowie jahreszeitliche Rezepturen; Wahrnehmungsübungen für verschiedene Witterungen und Tageszeiten
Spirituelle Intelligenz (Kap. III.7)	Riten, Bräuche, Lieder und Basteleien für christliche Feste im Jahreskreis; Rituale für Mahlzeiten, für das Einschlafen und für Abschiede; Segensrituale; Geburtstagsrituale
Emotionale Intelligenz (Kap. III.8)	Spiele zur Förderung von Gefühlswahrnehmung und Gefühlsausdruck; Förderung der Empathie; Aufbau von Beziehungen; Aspekte emotionaler Intelligenz in Reimen und Kinderliedern

1. Mit Worten zaubern
Spiele zur Bildung der sprachlichen Intelligenz

„Zeichnen ist Sprache für die Augen,
Sprache ist Malerei für das Ohr."
Joseph Jaubert, franz. Schriftsteller (1754–1824)

Wer jemals erlebt hat, wie Kinder sprechen lernen, wie sie scheinbar mühelos plötzlich Worte formulieren und Zusammenhänge herstellen und wie stolz sie auf ihre ersten „Errungenschaften" sind, der hat das Gefühl, dass sie sich für Zauberer halten – und das sind sie in gewisser Weise auch. Denn mit ihren ersten Worten verzaubern sie ihre Eltern und alle, die daran teilhaben dürfen.

Sprache ist unser wichtigstes Kommunikationsmittel. Indem wir sprechen, teilen wir uns mit und bauen Beziehungen zu den Menschen um uns herum auf. Dabei bedienen wir uns nicht nur lautsprachlicher, sondern auch körpersprachlicher Äußerungen – und das von Anfang an!

Babys erste Sprachen

Babys „sprechen" bereits mit allen ihnen zur Verfügung stehenden Möglichkeiten, sobald sie das Licht der Welt erblicken. Sie versuchen, sich uns mitzuteilen, um zu überleben. „Von Geburt an antwortet der Säugling auf das, was der Erwachsene mit ihm tut", so Anna Tardos, die Tochter der ungarischen Kinderärztin und Pädagogin Emmi Pikler. Tardos betont, dass von Anfang an ein Dialog zwischen dem Erwachsenen und dem Säugling stattfindet, an dem das Baby aktiv beteiligt ist (Pikler/Tardos, 1997, S. 94). Babys schreien und zeigen uns mit ihrer Körpersprache, was sie wollen und erst recht, was sie nicht wollen, indem sie sich z. B. aufbäumen, wegdrehen oder aber zufrieden, ruhig und entspannt liegen.

Wie Babys sprechen lernen

Wie aber lernen unsere Kinder sprechen? Haben Babys hierfür eine Art angeborenen Plan?

Genauso ist es, und das grenzt fast an ein Wunder! Obwohl ihr Gehirn noch nicht annähernd ausgereift ist, können Babys bereits kurz nach der Geburt nicht nur unsere Sprache und deren Muster verstehen sowie einzelne Worte aus dem Sprachfluss heraushören, sondern sogar den Unterschied zu fremden Sprachen erkennen (Gardner, 2005, S. 82ff.). Der Grund hierfür liegt in der vorgeburtlichen Phase: Schon im sechsten Schwangerschaftsmonat hören die Babys die Stimme der Mutter und erkennen diese dann auch nach der Geburt deutlich wieder, im Gegensatz z. B. zur Stimme des Vaters.

Alle Babys beginnen ihre Sprache in den ersten Lebensmonaten mit Brabbeln. Sie geben in allen Ländern der Welt Laute von sich, die keine Ähnlichkeit mit ihrer Muttersprache haben. Während dieser Zeit formen sie aber über solche „Lautmalereien" ihre Sprechorgane, die ihnen das Sprechen erst ermöglichen: Dazu gehört z. B. die Beweglichkeit der Zunge, die Elastizität der Mundhöhle, die Schwingungen der Stimmbänder und die Funktionalität des Kehlkopfes. Wie bewegend diese ersten Sprechbemühungen von Babys sind, hat bereits Maria Montessori festgestellt: „Die menschliche Stimme übt einen solchen Eindruck auf das Kind aus, dass wir im Vergleich dazu von der Musik fast unberührt bleiben (...). Alles schwingt und spannt sich, um in der Stille die Wiedergabe der Laute vorzubereiten, die einen so tiefen Eindruck in seinem unbewussten Geist hinterlassen haben." (Montessori, 1994, S. 49).

Gegen Ende des ersten Lebensjahres verlieren die Babys dann die Fähigkeit, Laute zu unterscheiden, die von ihrer Muttersprache abweichen. Fremde Sprachen werden deshalb jetzt zu „Fremdsprachen". Bis zu diesem Zeitpunkt kann ein Kind alle Sprachen als „Muttersprache" lernen: „Es ist also nichts Ererbtes in diesen Eroberungen. Das Kind formt von sich aus den zukünftigen Menschen, indem es seine Umwelt absorbiert", so Maria Montessori (ebd., S. 45).

Mit unerschütterlichem Fleiß erlernen Kinder nun, ihrem inneren Programm folgend, die Unregelmäßigkeiten und den syntaktischen Aufbau einer Sprache. Mit Beginn des zweiten Lebensjahres hören wir bereits erste verständliche Worte, wie etwa „Mama", „Hundi" etc. Danach folgen Wortpaare, wie z. B. „Mama gehen" oder „Auto da". Im dritten Lebensjahr können sich Kinder mit komplexen Wortfolgen ausdrücken, Fragen stellen und Verneinungen ausdrücken. Ein vier- bis fünfjähriges Kind spricht dann bereits nahezu fließend und beherrscht die Grundzüge der Grammatik. Diese Meisterleistung ist auch für die Hirnforscher so erstaunlich, dass Howard Gardner betont: „Die Fähigkeit eines Vier- oder Fünfjährigen beschämt jedes Computersprachprogramm" (Gardner, 1991, S. 83)!

Wie kann man die Kinder beim Spracherwerb unterstützen?

Man kann den Kindern das Sprechen nicht beibringen, stellt der Erziehungswissenschaftler Gerd Schäfer fest, aber man kann sie darin unterstützen, ihre eigenen Konstruktionen nach ihren Hörerfahrungen auszuformen (Schäfer, 2003, S. 176).

Wir sprechen mit Babys in der Regel intuitiv so, wie es für sie förderlich ist. Wir schauen sie direkt an, sprechen langsam, einfach und klar – und dies oft intuitiv unbewusst in einer höheren, melodischen Sprechweise. Mit Tests wurde festgestellt, dass diese Sprechweise Kinder am besten beim Spracherwerb unterstützt. Während bei Säuglingen und Kleinkindern noch jede Kontaktaufnahme das Sprechenlernen erleichtert, ist für Kinder ab zwei Jahren auch die Qualität, wie wir mit ihnen reden, mit entscheidend. Wenn wir also Kindern Fragen stellen und sie zu eigenen Formulierungen ermutigen, fördern wir ihre sprachliche Entwicklung. Nur

in kurzen Sätzen oder in Befehlen mit ihnen zu reden, verzögert dagegen den Spracherwerb.

Sprache ist mehr als nur Sprechen

Mit unserer Sprache vermitteln wir den Kindern darüber hinaus aber nicht nur Worte, sondern auch Umgangsformen, Weltdeutungen und unser Lebensgefühl. Kinder erfahren, dass die genaue Bedeutung der Wörter auch mit der Atmosphäre, in der sie ausgedrückt werden, verbunden ist. Sie lernen daher, auch Augenkontakte, Mimik, Körperhaltung, Stimmlage, Ton und Satzmelodie zu deuten. So kann der gleiche Satz: „Kommst du zum Essen?" beispielsweise eine freundliche Einladung sein, oder als „Kommst du zum Essen!" ein unfreundlicher Befehl. Über Sprache erfassen Kinder somit sowohl die zwischenmenschlichen Beziehungen, als auch Beziehungen zu Dingen und Handlungen. Mit zunehmendem Alter lernen sie außerdem, worüber sie sprechen dürfen und worüber sie schweigen müssen, d.h., sie verstehen die gesellschaftlichen Normen, die das Miteinander-Sprechen regeln. Damit haben sie es geschafft, mit der Sprache eine Brücke zu ihrem Gegenüber aufzubauen.

Sprache bringt uns weiter

Wenn wir Kinder beim Spracherwerb unterstützen, legen wir nicht nur ein Fundament für die Entwicklung ihrer sprachlichen Intelligenz, sondern eröffnen ihnen damit auch Wege, ihre Konflikte sprachlich zu bewältigen. Wer sich sprachlich ausdrücken kann, muss Konflikte nicht „schlag-kräftig" für sich entscheiden.

Sprache hat noch eine weitere Funktion: Sobald Kinder Sätze bilden können, beginnen sie, mit ihren Eltern über Vergangenes zu reden, ein Sprachgebiet, das auch als „Memory-talk" bezeichnet wird (vgl. Meise, 2006, S. 64ff.). Das Kind lernt also mit dem Spracherwerb auch, sich zu erinnern. Reden ist für die Ausprägung unseres biografischen Gedächtnisses wichtig. Dafür ist aber ein intensiver Austausch zwischen den Eltern und ihren Kindern nötig. Zwar haben Kinder auch in der Baby- bzw. Kleinstkindphase einen Erinnerungshorizont von einigen Tagen bzw. bis zu einem Jahr, sie können dies aber nicht sprachlich ausdrücken. Forscher halten dies für den Grund, warum wir uns nicht mehr an die frühesten Kinderjahre erinnern können und bei jedem von uns eine Art „frühkindlicher Amnesie" auftritt.

„Sprache", so resümiert die Erziehungswissenschaftlerin und Journalistin Christine Brink, „ist das Instrument, das vom ersten Tag an den Maßstab der kindlichen Entwicklung setzt. Eltern, die mit Kindern nicht reden, kappen deren Lebenschancen. Geld ist wichtig. Reden ist wichtiger." (Brink, 2007).

Kinder mit ausgeprägten sprachlichen Fähigkeiten erleben wir später als spannende Geschichtenerzähler, die über einen großen Wortschatz verfügen. Sie lesen gerne und lernen auch leichter Fremdsprachen.

Als Erwachsene finden wir Personen mit ausgeprägter sprachlicher Intelligenz vor allem in Berufen, die die Fähigkeit erfordern, Sprache treffsicher einzusetzen, eigene Gedanken auszudrücken und zu reflektieren und das Sprechen der anderen gut zu verstehen. Dies zeichnet Dichter, Schriftsteller, Rechtsanwälte und Sprachwissenschaftler aus.

A Kinderreime und Fingerspiele – eine Schatztruhe für die Sprachentwicklung

Unsere traditionellen Kinderreime unterstützen die Sprachentwicklung von Kleinkindern in hervorragender Weise. Daher werden viele dieser Reime über Generationen weitergegeben.
So schrieb bereits der Pädagoge Friedrich Fröbel (1782 – 1852) in einem Gedicht:

> „Das Kindchen seine Glieder fühlt
> drum es mit Hand und Finger spielt.
> Die Mutterlieb hat darauf Acht,
> denn so des Geistes Kraft erwacht."

Aber nicht der Text dieser Reime ist entscheidend, sondern der Klang der Worte und die körperliche Berührung zwischen Erwachsenem und Kind, die oft mit diesen Reimen einhergeht. Kinder lernen ja mit allen Sinnen sprechen, nicht nur mit dem Gehör. Eine Berührung in Verbindung mit Worten ist für Babys ein Spracherlebnis, das sich tief einprägt.

So sind auch die ersten Spiele, die wir mit Babys spielen, Berührungs- oder Kosespiele. Das Kind sitzt auf dem Schoss oder liegt auf der Wickelfläche, und wir streicheln z. B. seine Handinnenflächen oder kitzeln die Babys am Bauch.

Mit solchen Handstreichelspielen und mit Fingerspielen unterstützen Eltern seit vielen Generationen die Freude am Sprechen und damit die Sprachentwicklung ihrer Kinder – ganz ohne didaktisches Lernprogramm. Beim Sprechen der Reime werden Schwingungen erzeugt, die sich direkt auf den Kehlkopf des Kindes übertragen. Wir erkennen dies daran, dass Kinder beim Hören von rhythmischen Versen die Lippen mitbewegen, was nicht nur auf dem Spiegeln des Erwachsenen beruht.

Fingerspiele bieten, was Kinder zum Sprechenlernen brauchen
Bei fast allen Fingerspielen werden wegen der gleichzeitig mit den Fingeraktivitäten gesprochenen Reime bestimmte Laute wiederholt, die sich Kinder auf diese Weise einprägen und in ihr Lautrepertoire aufnehmen.

Kinder lernen über Wiederholungen, und daher lieben sie auch die immer gleichen Fingerspiele. Sie wissen instinktiv, was sie brauchen, was für ihre Entwicklung förderlich ist.

Aber sie benötigen dazu auch ein Gegenüber, also Erwachsene, die ihnen ein Experimentierfeld bieten, auf dem sie das „Instrument der Sprache" untersuchen können.

Babys können Sprache und Sprechen nur begreifen, wenn sich diese Aktivitäten auf Personen oder Gegenstände beziehen, mit denen sie etwas anfangen können. Deshalb können Kinder auch nicht, wie manche Eltern fälschlicherweise annehmen, mit elektronischen Medien, wie etwa einem CD-Player, Fernseher etc. besser oder exakter sprechen lernen. Ein CD-Player hat keine Knie, auf denen man „Hoppe, hoppe, Reiter" spielen kann. Kleine Kinder brauchen jemand, der mit ihnen und zu ihnen spricht, der das, was sie sagen, ernst nimmt und ihnen antwortet. Sie brauchen eine Atmosphäre, in der sie ohne Leistungsdruck und angstfrei das Sprechen ausprobieren können.

Kleine Kinder lieben das Experimentieren mit Lauten, Reimen und „Quatschreimen", die für uns keinen Sinn ergeben – sie spielen mit der Sprache. Und sie lieben es, wenn dabei Bewegung und Berührung im Spiel ist. Sie lernen eben ganzheitlich, mit „Kopf, Herz und Hand". Es ist faszinierend, dass wir erst seit Kurzem wissenschaftlich nachweisen können, was Mütter aus einem intuitiven Verständnis heraus schon lange wussten, wenn sie ihren Kindern Reime vorsprachen und mit ihnen Fingerspiele machten: Das Sprachzentrum liegt in unserem Gehirn neben dem Zentrum für die Motorik der Hände, d. h., wir fördern über die Fingerspiele direkt das Sprechenlernen!

Da der Daumen beim Gebrauch der Hände eine besonders wichtige Funktion hat, ist ihm in der betreffenden Hirnregion auch ein größeres Areal zugeordnet (Hirler, 2002, S. 15ff.). Wir be-„greifen" mit seiner Hilfe sozusagen die Welt, und er hat zu seinem Training sogar eigene Reim- und Fingerspiele bekommen, wie z. B. „Himpelchen und Pimpelchen".

Fingerspiele – ein „Miniaturtheater"

In Fingerspielen begleiten wir das rhythmische Sprechen mit den entsprechenden rhythmischen Bewegungen der Finger, Hände und Unterarme. So schaffen wir eine Art „Miniaturtheater", das die Kinder durch die Kombination von Sprache, Bewegung und Rhythmus zum Sprechenlernen animiert. Sie beginnen, Sprache zu begreifen und immer wieder ein Stückchen mehr zu verinnerlichen. Sprechenlernen wird damit spannend!

Wichtig dabei ist, wie gesagt, eine Person, zu der sie eine Beziehung aufbauen können und mit der sie sich an den Fingerspielen und Geschichten erfreuen können. Das Lernen vollziehen sie dann ganz von selbst, wir können ihnen dafür nur Anregungen bieten.

Was unsere Kinder mit Fingerspielen noch lernen

Mit Fingerspielen lernen die Kinder auch Tiere und unterschiedliche Geräusche kennen. Zudem erfahren und erspüren sie die immer wiederkehrenden Reimrhythmen. Darüber hinaus fördern diese Spiele die feinmotorische Geschicklichkeit und verbessern die Fähigkeit zur Koordination von Bewegungsabläufen. Diese wirkt sich dann später insbesondere bei Tätigkeiten, wie z. B. dem Schuhezubinden, dem Malen und Schreiben positiv aus. Und ganz nebenbei lernen sie mit Fingerspielen noch etwas: dass das Leben Spaß macht und spannend ist!

Noch ein Tipp: Kinder lernen in erster Linie durch ständige Wiederholungen. Dafür sind unsere Fingerspiele ein hervorragendes Medium. Wählen Sie deshalb für den Anfang maximal drei Fingerspiele und wiederholen sie diese. Denn je öfter sie ein Fingerspiel wiederholen, umso mehr Freude hat ihr Kind daran. Es erkennt bald Teile davon wieder, kann Steigerungen zunehmend bewusst mitverfolgen und vorausahnen – und sich damit auf den Höhepunkt der jeweiligen Geschichte freuen, der dann, wie erwartet, immer an der gleichen Stelle eintritt. Ein Zusatznutzen von Fingerspielen: Wir können sie überall spielen, z. B. im Wartezimmer beim Arzt oder auf langen Autofahrten, um die Kinder zu beruhigen.

Lassen Sie sich also von der folgenden Auswahl an beliebten Fingerspielen und Kniereitern mitnehmen in das Reich der Geschichten – Geschichten, die wir unseren Allerkleinsten zusammen mit Berührungs- und Kosespielen erzählen, und den schon etwas Älteren mit unserem „Fingertheater" und den (Knie-)Reiterspielen.

Fingerspiele für die ganz Kleinen

Da hast 'nen Taler

Da hast 'nen Taler,

geh auf den Markt,

kauf dir 'ne Kuh,

ein Kälbchen dazu,

das Kälbchen hat ein Schwänzchen,

gille, gille, Gänschen.

Beim rhythmischen Sprechen der Verse die Handflächen oder das Bäuchlein des Kindes streicheln (z. B. beim Wickeln).

Pitsche, patsche Peter

Pitsche, patsche Peter,	*Langsam die Hände hin- und herbewegen,*
hinterm Ofen steht er,	
wichst seine Stiefelchen, wichst seine Schuh.	
Kommt die alte Katze dazu,	*schnellere Handbewegungen,*
frisst den Peter mitsamt seine Schuh,	*die Hände ganz rasch bewegen.*
macht die Tür auf,	
schmeißt die Katz raus,	
Husch, husch, husch, husch!	

Kommt ein Mäuslein, baut ein Häuslein

Kommt ein Mäuslein,	*Den Zeigefinger der linken Hand bewegen,*
baut ein Häuslein.	*mit den beiden Händen ein Dach bilden,*
Kommt ein Mücklein,	*den Zeigefinger der linken Hand erneut bewegen,*
baut ein Brücklein.	*mit den Zeige- und Mittelfingern beider Hände eine Brücke bilden,*
Kommt ein Floh, und der macht so!	*schnell mit dem Zeigefinger einer Hand das Kind anstupsen.*

Kommt ein Mann die Treppe rauf

Kommt ein Mann die Treppe rauf.	*Mit dem Zeige- und Mittelfinger am Bauch oder an einem Arm des Kindes hinaufkrabbeln,*
Klingelt: „Bimbam!"	*am Ohrläppchen zupfen,*
Klopft an:	*an die Stirn tippen,*
„Guten Tag Frau/Herr Nasemann!"	*an der Nase zupfen.*

Da kommt die Maus

Da kommt die Maus,	*Mit dem Zeige- und dem Mittelfinger langsam den Arm des Kindes hinaufkrabbeln,*
da kommt die Maus!	
„Klingelingeling!"	*bis zum Ohr krabbeln,*
„Ist der Herr/die Dame zu Haus?"	*am Ohrläppchen des Kindes zupfen.*

Fingerspiele für die etwas Größeren

Sobald die Kinder ein bisschen älter sind, erzählen wir ihnen mit Fingerspielen kleine Geschichten. Diese haben oft einen Spannungsbogen oder einen plötzlichen Höhepunkt, auf den das ganze Fingerspiel hinzielt. Als „Finger(schau)spieler" können wir die kleinen Erzählungen auch noch mit unserer Stimme ausgestalten, d. h., wir können z. B. leise oder laut werden bzw. ruhig oder aufgeregt klingen und so eine ganze Bandbreite an Gefühlen in unser „Fingerstück" legen. Die Kinder werden dies begeistert aufnehmen.

Es tröpfelt, es tröpfelt

Es tröpfelt, es tröpfelt.	*Jeweils mit einem Finger jeder Hand langsam auf die Tischplatte trommeln,*
Es regnet, es regnet.	*mit allen Fingern (vom kleinen Finger angefangen, schnell zum Zeigefinger durchlaufen lassen) auf die Tischplatte trommeln,*
Es gießt, es gießt.	*mit der flachen rechten und linken Hand abwechselnd auf die Tischplatte „klatschen",*
Es hagelt, es hagelt!	*mit den Fingerknöcheln der Fäuste auf die Tischplatte trommeln,*
Es donnert, es donnert!	*mit den aufgestellten Fäusten laut auf die Tischplatte klopfen,*
Es blitzt, es blitzt!	*schnell die beiden Hände zusammenklatschen und eventuell mit dem Kind unter dem Tisch in Deckung gehen. Danach langsam schauen, ob die Sonne wieder scheint ...*

Zwei Daumen

Zwei Daumen haben eine Brücke gebaut. *Mit den sich an der Spitze berührenden Daumen eine Linie bilden, die restlichen Finger zur Faust ballen,*

Viele Leute haben zugeschaut. *mit den anderen Fingern wackeln,*

Da ist der/die (Name des Kindes) drüber gekrochen, *die Daumenspitzen wackeln lassen,*

da ist die Brücke zusammengebrochen! *die Daumen nach unten wegdrehen und in die Hände klatschen.*

Katzen können Mäuse fangen

Katzen können Mäuse fangen, *Die Finger der rechten Hand krabbeln auf dem Bein bzw. Arm des Kindes oder auf der Tischplatte,*

haben Krallen wie die Zangen.

Kriechen über Boden und Dächer

und manchmal durch Mäuselöcher.

Leise, leise kommt die Katze – *die linke Hand kommt mit langsamen Fingerbewegungen auf die rechte Hand zu,*

fängt die Maus mit einem Satze! *die linke Hand umfasst schnell die rechte Hand.*

Das ist der Daumen, der schüttelt die Pflaumen

Das ist der Daumen, *Die Hand zur Faust ballen und mit dem Daumen wackeln,*

der schüttelt die Pflaumen, *mit dem Zeigefinger wackeln,*

der hebt sie auf, *mit dem Mittelfinger wackeln,*

der trägt sie nach Haus, *mit dem Ringfinger wackeln,*

und dieser kleine Schelm *mit dem kleinen Finger wackeln.*

isst sie alle auf.

Steigt ein Büblein auf den Baum

Steigt ein Büblein auf den Baum,	*Mit dem Zeige- und Mittelfinger der rechten Hand am linken, abgewinkelten Unterarm nach oben, also zur Hand hin, „krabbeln" und dabei die Finger der linken Hand wie Äste spreizen,*
ei, so hoch, man sieht es kaum!	*bis auf die Fingerspitzen der linken Hand „krabbeln",*
Hüpft von Ast zu Ästchen,	*mit den Fingern der rechten Hand zwischen Fingern der linken Hand hin- und herhüpfen,*
schlüpft ins Vogelnestchen.	*die Finger der rechten Hand abgeknickt in die Mulde zwischen Daumen und Zeigefinger der linken Hand legen,*
Ui, da lacht es,	*beide Hände zusammenklatschen,*
Ui, da kracht es!	*und auf die Schenkel oder den Tisch fallen lassen.*
Plumps, da liegt es unten!	

Himpelchen und Pimpelchen

Himpelchen und Pimpelchen	*Beide Hände zu Fäusten ballen und dabei die Daumen nach oben strecken,*
stiegen auf einen Berg.	*abwechselnd mit beiden Daumen Steigbewegungen machen,*
Himpelchen war ein Wichtelmann	*mit dem einen Daumen wackeln,*
und Pimpelchen ein Zwerg.	*mit dem anderen Daumen wackeln,*
Lange blieben sie dort oben sitzen	*beide Daumen ruhig halten,*
und wackelten mit den Zipfelmützen.	*mit beiden Daumen wackeln,*
Doch nach fünfundfünfzig Wochen	
sind sie in den Berg gekrochen.	*beide Daumen mit den Fäusten umschließen,*
Schlafen dort in süßer Ruh,	
seid fein still und hört gut zu.	
„rrrrrrSchhhh...rrrsch"	*Schlafgeräusche und Schnarchlaute machen.*

Es macht auch sehr viel Spaß, selbst Reime (mit oder ohne Fingerspiel) zu erfinden. Das ist eigentlich sehr einfach und fördert ganz nebenbei unsere Kreativität. Hier ein kleines Beispiel:

> Die Ziege, die macht „meck, meck, meck,
> meck, meck, meck, meck, meck, meck".
> Die Ziege, die macht „meck, meck, meck",
> dann läuft sie wieder weg!

Dieser Reim kann für viele Tiere abgewandelt werden (z. B. „Der Hund, der macht ‚wau, wau, wau' ... und ist besonders schlau", oder: „Das Schwein, das grunzt ‚oh jemineh, jemineh, jemineh' ... jetzt tut ihm wohl was weh" usw.).

Wenn wir uns jetzt noch kleine Fingerpüppchen basteln, dann ist unser Finger-„Theater" komplett:

Fingerpüppchen, selbst gebastelt

Material:	**Alternativ:**
• ein (alter) Fingerhandschuh	• ein Gummihandschuh
• Stickgarn oder Nähgarn	• Filzstifte
• ein kleines, dreieckiges Stück Stoff	
• Schere	
• Nadel	

Zunächst von dem Fingerhandschuh den Zeigefinger abtrennen, bei Strickhandschuhen den unteren Rand des abgeschnittenen Zeigefingers einsäumen. Dann mit Stickgarn o. Ä. ein Gesicht auf die Kuppe des abgetrennten Zeigefingers sticken und/oder ein kleines Stoffdreieck als Mütze oben annähen. Wenn man es eilig hat, kann man auch einen Gummihandschuh verwenden: Diesen anziehen und mit Filzstift ein Gesicht und Haare auf die Fingerkuppen malen. Dann den Handschuh vorsichtig wieder abstreifen und die einzelnen „Fingerfiguren" abschneiden.

Am schnellsten ist freilich die „Naturvariante" hergestellt: Einfach die Fingerkuppen anmalen – fertig!

Ihnen fallen bestimmt noch weitere Gegenstände ein, woraus sie Fingerpüppchen machen können. Natürlich können Sie auch welche stricken, im Laden kaufen usw.

B Kniereiterspiele – die ideale Verbindung von Sprache, Musik und rhythmischer Bewegung!

Kinder lernen Sprache, wie bereits erwähnt, besonders gerne in Form von Reimen und überdies zusammen mit Musik und Bewegung. Ideal hierfür sind die so genannten Kniereiterspiele, die gleich mehrere Sinne ansprechen und Groß und Klein viel Spaß machen.

Im Folgenden sind einige der beliebtesten Kniereiterspiele aufgeführt:

Hoppe, hoppe Reiter

Hoppe, hoppe Reiter,	*Das Kind sitzt, mit dem Gesicht zu uns gewandt, auf unseren Knien und wird an den Händen festgehalten, dann bewegen wir im Rhythmus des Textes die Knie auf und ab,*
wenn er fällt, dann schreit er.	
Fällt er in den Graben,	
fressen ihn die Raben.	
Fällt er in den Sumpf,	
macht der Reiter „Plumps"!	*bei dem Wort „Plumps" das Kind entweder leicht nach hinten abkippen oder – je nach Alter – zwischen unsere Beine „plumpsen" lassen.*

Eine kleine Dickmadam

Eine kleine Dickmadam	*Das Kind, wie bei „Hoppe, hoppe Reiter" mit den Knien im Rhythmus des Textes auf- und abbewegen,*
fuhr mal mit der Eisenbahn.	
Eisenbahn, die krachte,	*das Kind „herunterplumpsen" lassen,*
Dickmadam die lachte.	*das Kind wieder nach oben holen.*

Schotter fahren

Schotter fahren, Schotter fahren

Das Kind im Rhythmus des Textes mit den Knien auf- und abbewegen. Dabei mit sanften „Kniehopsern" beginnen,

mit dem großen Schotterkarren.

die „Kniehopser" im Laufe der folgenden Reime immer heftiger werden lassen,

Erst die kleinen, feinen Steine,

dann die großen, die so stoßen.

Und zum Schluss wird abgeladen!

bei dem Wort „abgeladen" das Kind „herunterplumpsen" lassen.

Fährt ein Schifflein übers Meer

Fährt ein Schifflein übers Meer,

Das Kind auf den Knien mit schaukelnden Bewegungen hin- und herschwingen lassen,

schaukelt hin und schaukelt her.

Da kommt daher ein großer Wind,

da fährt das Schifflein fort geschwind.

Da kommt daher ein großer Sturm,

da fällt das Schifflein um.

das Kind leicht nach hinten abkippen,

Und hats 'nen guten Kapitän,

kann man es bald wieder sehn.

das Kind wieder nach oben ziehen.

Läuft in den Hafen ein geschwind,

da freut sich jedes Kind!

Viele Fingerspiele, bei denen der Spannungshöhepunkt am Schluss liegt, eignen sich übrigens auch als Kniereiterspiele, so etwa die oben vorgestellten Fingerspiele „Katzen können Mäuse fangen" oder „Steigt ein Büblein auf den Baum". Auch eine Reihe einfacher Kinderlieder (siehe Kap. III.2) kann man gut für Kniereiterspiele nutzen!

Zudem sind der Fantasie beim Erfinden von neuen Kniereitern nahezu keine Grenzen gesetzt. Der oben erwähnte, selbst erfundene Reim „Die Ziege, die macht meck, meck, meck" eignet sich z. B. auch hierfür: Dabei lässt man das Kind bei „... dann läuft sie wieder weg" wie in den anderen Spielen „herunterplumpsen".

C Bilderbücher – eine Brücke in die Welt

Für Maria Montessori stand fest: „Kinder wollen Sprache entwickeln und sind offen, neue Formen vom Erwachsenen aufzunehmen. So brauchen sie auch Geschichten, an denen sie sich freuen und in denen sie leben können." (Montessori, 1994, S. 131). Mit Bilderbüchern erschließen sich Kinder eine Vielfalt an Inhalten, die sie bis ins Erwachsenenalter hinein begleiten werden. Das Vorlesen von Bilderbuchgeschichten lässt sie auch exakte Sprache erfahren. Zudem regen Bilderbücher Gefühle an – sie können Kinder zum Lachen und zum Weinen bringen, sie wütend oder glücklich machen.

In den Bilderbüchern finden sich die Kinder in der Komplexität ihres Aufwachsens wieder. Damit werden diese zur Brücke, über die das Kind in die unterschiedlichen Bereiche unseres Lebens und unserer Welt vordringen kann. Ferner sind Bilder und Geschichten ein guter Weg, mit den Kindern einen Dialog aufzubauen. Sie machen sich Gedanken über das Geschehen im Bilderbuch, fassen Teile der Erzählung zusammen, stellen Fragen und spinnen die Geschichte oft auch weiter. Auf diese Weise entwickeln sie ein erstes Textverständnis (auch „literacy" genannt).

Aber Bilderbücher können darüber hinaus noch mehr: Gute Bilderbücher werden zu Kunstwerken, die uns sensibel machen für Farbe, Form und Qualität einer Darstellung. Und manche werden auch zu einem Schatz, der in der Familie lange und gerne aufbewahrt, ja, zuweilen sogar von einer Generation zur nächsten vererbt wird!

Bilderbücher unterstützen den individuellen Lernrhythmus der Kinder

Wenn wir mit Kindern ein Bilderbuch durchblättern, dann verweilen diese oft so lange auf einer Seite, bis sie alle Bilder, Farben, Gegenstände, Menschen und Tiere entdeckt und ausgiebig ihrer jeweils individuellen Betrachtungsweise unterzogen haben. Durch Wiederholungen begreifen sie die Inhalte und passen die Geschwindigkeit ihrer Lernerfahrungen ihrem eigenen Lernrhythmus an. Wenn Kinder durch die Inhalte eines Buches überfordert sind, merken wir dies sehr schnell – sie verlieren einfach das Interesse und drehen sich weg.

In der Geborgenheit der vorlesenden Person tauchen die Kinder in die Welt des Buches ein. Sie erleben Abenteuer, verinnerlichen Bilder und entwickeln ihre Fantasie und Vorstellungskräfte weiter. Durch genaues Hinsehen entdecken unsere Kinder so Stück für Stück unsere Welt.

Worauf wir beim Kauf von Bilderbüchern achten können

Das Bilderbuch sollte einfache, klare Bilder aus dem jeweiligen Erfahrungsbereich der Kinder zeigen. Als erste Bilderbücher für die Kleineren eignen sich Bücher aus Plastik oder stabilem Karton mit jeweils einem Bild (z. B. einem Hund, einer Katze, einem Ball usw.) pro Seite. Die Bilder sollten in warmen Farben Stimmung und Geborgenheit vermitteln. Eine einfache Handlung, die zum Entdecken auffordert, reicht völlig aus.

Worauf wir beim gemeinsamen Betrachten und Vorlesen von Bilderbüchern achten können

Kinder lieben in der Regel die körperliche Nähe zum Vorlesenden. Je nach Alter sitzen sie auf dem Schoß oder liegen im Arm des Erwachsenen. Wenn die Kinder noch sehr klein sind, dann ist es am besten, die Bilder nur anzuschauen und zu benennen, jedoch keine komplizierten Inhalte zu erzählen, die die Kinder sowieso nicht verstehen können. Denn unser Gehirn ist so strukturiert, dass es nur das aufnehmen kann, wozu es eine Verbindung hat – also das, was es bereits erkennt und damit einordnen kann. Daran wird dann mit neuen Inhalten „weitergebaut". Deshalb lernen kleine Kinder bei Inhalten, die ihnen völlig fremd sind, kaum etwas. Sie sind im Gegenteil eher verwirrt, weil das Dargebotene nicht mit den bisherigen Erfahrungen verknüpft werden kann.

Bilderbücher – selbst gemacht!

Collage-Bilderbuch

Material:

- buntes Papier in DIN-A4-Format (z. B. buntes Kopierpapier oder Tonpapier)
- Klarsichtfolien
- Zeitschriften
- ein schmales Ringbuch im DIN-A4-Format
- Schere
- Kleber oder Klebstift

Als Erstes blättern wir mit dem Kind Zeitschriften durch und schneiden dann die Bilder aus, die ihm gefallen. Dann wird jeweils ein Bild auf einen DIN-A4-Bogen Papier aufgeklebt. Je zwei dieser bebilderten Papiere werden in eine Klarsichthülle gesteckt, sodass eine Art „Bilderbuchblatt" mit Vorder- und Rückseite entsteht. Zuletzt werden diese Blätter in das Ringbuch eingefügt. Nun haben unsere Kleinen ihr eigenes, ganz persönliches Bilderbuch, das sie sicher lange begleiten wird. Auch für uns Erwachsene ist es faszinierend, mitzuverfolgen, auf welche Bilder die Kinder besonders achten!

Foto-Bilderbuch

Material:

- Fotos (oder alternativ Postkarten)
- stabiles Papier im DIN-A4-Format
- Locher
- zwei kleine Eisenringe oder Schnur, Geschenkband, Wolle etc.

Einen schönen Baum, eine Blume, eine Katze, eine Kerze etc. fotografieren. Dann jeweils ein Foto auf einen Fotokarton im DIN-A5-Format kleben. Als Nächstes die Blätter lochen und durch die Löcher entweder kleine Eisenringe ziehen oder die Löcher mit einer Schnur, einem Geschenkband, Wolle etc. verbinden – fertig ist unser individuelles Foto-Bilderbuch! Als Variation kann man anstelle der selbst gemachten Fotos auch Postkarten mit einfachen Motiven (Hund, Katze, Baum etc.) verwenden.

Tastbilderbuch

Für die Kleinsten sind auch Tastbilderbücher gut geeignet, die wir mit nur wenig Aufwand ebenfalls selbst basteln können (siehe dazu Kap. III.4).

Fotoalben

Unsere Fotoalben sind quasi die Bilderbücher von Erwachsenen. Und auch zu den darin gesammelten Bildern können wir unseren Kindern vieles erzählen! Gerade Familienfotos, auf denen z. B. die Großeltern zu sehen sind, bringen den Kindern ihre eigene Geschichte und ihre Herkunft nahe. Sie entwickeln damit, wie wir heute sagen, ein biografisches Gedächtnis.

Die Geschichtenwerkstatt

Mit Kindern können wir aber nicht nur Bilderbücher selbst basteln, sondern uns auch Geschichten ausdenken. Kinder haben oft gute Ideen, worüber sie gerne eine Geschichte hören wollen (z. B. was ein fliegender Luftballon alles erlebt ...). Wenn wir mit ihnen gemeinsam Geschichten erfinden, diese aufschreiben und selbst Bilder dazumalen oder zum Text passende Abbildungen aus Zeitschriften dazukleben, fördern wir ihre Fantasie und Kreativität. So erhalten unsere selbst gemachten Bilderbücher einen noch viel persönlicheren und individuelleren Charakter.

◆ Schätze für uns Erwachsene ...

Ich hoffe, Sie haben Lust bekommen, einige der eben gemachten Vorschläge auszuprobieren. Dabei werden Sie sicherlich schnell feststellen, wie viel auch Sie selbst davon profitieren können, wenn Sie Ihre Kinder beim Sprechenlernen begleiten und unterstützen.

Wer z. B. als Erwachsener den Spaß an „Fingerspielen" (wieder)entdeckt hat, der merkt, wie viel Freude es ihm macht, Geschichten auf diese Weise darzustellen. Wir schalten dabei vom Alltag ab und tauchen ein in die Welt unserer Kinder. Und ganz nebenbei fördern auch wir damit das Zusammenspiel unserer Gehirnhälften, da wir ja – fast wie ein Klavierspieler der Lüfte – mit beiden Händen „erzählen".

Fingerspiele und Kniereiter bringen auch uns in eine positive Stimmung. Ich habe noch keinen Erwachsenen erlebt, der schlecht gelaunt ein Fingerspiel oder einen Kniereiter gespielt hat.

Reime, Fingerspiele, Rhythmus und vor allem das „Selbermachen" sprechen also auch unsere Gehirnregionen an, fördern bei uns Lust, Freude und Kreativität. Wir dürfen wieder in Welten eintauchen, die wir oft schon vor langer Zeit verlassen haben. Alte Kindheitserinnerungen leben wieder auf, und beim Geschichtenerfinden und Basteln können auch wir selbst wieder kreativ sein – und dabei auch mal Spaß am Nonsens haben ... So schaffen wir mit unseren Kindern gemeinsame kleine Kunstwerke, die uns vielleicht auch später einmal an die Kleinkindzeit erinnern werden.

Zaubern also auch wir als Mutter, Vater, Betreuerin oder Betreuer mit Sprache, wie die Kinder es uns bereits bei ihren ersten sprachlichen Anfängen vormachen!

2. Musik liegt in der Luft
Spiele zur Bildung der musikalischen Intelligenz

„Die Musik wird treffend
als Sprache der Engel beschrieben."
Thomas Carlyle (1795–1881)

Eng verwandt mit den sprachlichen Fähigkeiten sind die musikalischen Kompetenzen, da beides auf dem Hörsinn beruht. In vielen Kulturen gehören das Singen, Musizieren oder Trommeln zum Alltag von Babys und Kleinkindern. Sie wachsen selbstverständlich in eine Klangwelt hinein. Und kleine Kinder lieben Musik, sie handeln von Geburt an ganz intuitiv musikalisch. Der Hörsinn wird bereits im Mutterleib ausgebildet und ist lange vor der Geburt voll funktionsfähig. Das bedeutet, dass Neugeborene bereits eine dreimonatige Hörerfahrung haben. Aus diesem Grunde nehmen Babys auch akustische Reize viel stärker wahr als optische und haben bereits Vorlieben ausgebildet, was sie gerne hören!

Am liebsten hören Babys die Stimme der Mutter, und dies besonders dann, wenn sie mit ihnen in der höheren, melodischen Sprechweise kommuniziert, in die wir oft unbewusst wechseln, wenn wir mit Babys sprechen. Aus diesem Grund lassen sie sich auch so gut von einfachen Wiegenliedern beruhigen, die dieser Sprechweise ähneln.

Alles, was wir als Kind hören, beeinflusst maßgeblich die Art und Weise, wie sich unser Gehirn verschaltet. Forscher haben überdies festgestellt, dass Kinder für den Zauber von klassischer Musik besonders empfänglich sind, und hier speziell für die Musik Mozarts (Eliot, 2001, S. 637ff.).

Ist Musik die „vorintellektuelle" Sprache der Babys?
Die amerikanische Hirnforscherin Lise Eliot vermutet, dass Musik eine Art „vorintellektuelle" Sprache ist, die im Gehirn der Babys grundlegende Aktionsmuster in Gang setzt und damit sehr viel mehr bewirkt als die richtige Sprache. Vielleicht ist das der Grund dafür, dass sich viele Kinder durch Musik und Bewegung leichter mitteilen können als durch Sprache.

Bereits mit zwei Monaten können Babys Tonhöhe, Lautstärke und die melodische Eigenart von Liedern erkennen, die ihre Mütter ihnen vorsingen, und viermonatige Kinder haben sogar schon ein Gespür für rhythmische Strukturen (Papousek, 2005, S. 108). Ab der Mitte des zweiten Lebensjahres beginnen die Kinder dann selbst, Tonfolgen zu produzieren und erproben bereits kleine Intervalle. Sie erfinden spontan kleine Liedchen und singen kurze Sequenzen nach, die sie in ihrer Umgebung hören.

Durch Singen wird man klug!

Wer regelmäßig singt, bei dem vernetzen sich die Neuronen seines Gehirns auf neue, differenzierte Weise (Romberg, 2007, S. 32ff.). Die Intelligenzentwicklung von Kindern erhält durch die beim Singen gegebene Kombination von Hören, Sehen und zum Teil auch Bewegen und Fühlen besonders positive Impulse. Unser Gehirn arbeitet rhythmisch: Es prägt sich Fakten besser ein, wenn sie in Melodien verpackt sind. Und unser erstes Musikinstrument ist unsere Stimme. Auf ihm erspielen wir uns von Geburt an die Welt.

Aber nicht nur die Kinder fördern also automatisch ihre geistige Entwicklung, wenn sie singen – auch wir selbst können uns damit viel Gutes tun. Die Kombination von Musik und Bewegung fördert die Kommunikationsfähigkeit und die Koordination unserer Sinneswahrnehmungen (so genannte „sensorische Integration").

Singen ist ein Lebenselixier

Die „Magie des Singens" wird derzeit von Medizinern, Pädagogen und Psychologen intensiv untersucht. Ihre Forschungen zeigen, dass die beim Singen auftretenden Hormonausschüttungen nicht nur Gedächtnisprozesse und die Entwicklung sozialer Fähigkeiten unterstützen, sondern auch Aggressionen und Stress vermindern und sogar unser Immunsystem stärken (Romberg, ebd.). Singen ist also nicht nur für Geist und Seele, sondern auch für unseren Körper gut. Es kräftigt die Lungen und verringert dadurch die Anfälligkeit für Erkältungskrankheiten.

Beim Hören von Musik mit „Gänsehautcharakter" werden dieselben Zentren im Gehirn angeregt, die auch aktiv sind, wenn wir mit Heißhunger Schokolade essen, Blickkontakt zu einer attraktiven Person haben oder Drogen konsumieren (Otto, 2006, S. 32ff.). Die harmonisierende, euphorisierende und soziale Wirkung von Musik gilt mittlerweile als wissenschaftlich erwiesen. Nicht umsonst heißt es im Volksmund: „Da, wo man singt, da lasst Euch nieder. Böse Menschen haben keine Lieder."

Während das Singen früher, als die Musik noch nicht aus der Steckdose kam, zum Alltag auf dem Feld und am Herd gehörte, haben wir es heute leider vielfach verlernt. Die meisten Menschen bewegen sich heute „sang- und klanglos" durch den Tag. Eltern mit Kleinkindern aber haben hier eine zweite Chance, sich diese Fähigkeit – für sich und ihre Kinder – noch einmal anzueignen. Viele von uns Erwachsenen haben Hemmungen zu singen, aber Kinderlieder geben uns die Chance, unsere eigene Freude am Singen auf unkonventionelle Art und Weise wiederzuentdecken, denn Kinder bewerten unser musikalisches Können nicht!

Wenn wir mit Kindern singen und uns dabei rhythmisch bewegen, dann ermöglichen wir es also ihnen und uns, Musik als Quelle von Freude, Entspannung, Bewegung und Kreativität zu erleben. Wir schaffen so eine gemeinsame emotionale Basis mit unseren Kleinen und holen sie dort ab, wo ihr jeweiliger Entwicklungs-

stand ist. Damit stärken wir unsere Beziehung zu ihnen, was uns auch hilft, im Bedarfsfall gemeinsam traurige Situationen leichter zu bewältigen.

Und ganz nebenbei leisten wir einen wertvollen Beitrag dazu, der nächsten Generation einen Teil unserer Kultur weiterzugeben, so wie es Generationen vor uns getan haben!

Singen ist Gefühlsausdruck

„Eindruck braucht Ausdruck" – lautet ein bekanntes Motto, und gerade durch das Singen, Musizieren und Musikhören regen wir bei Kindern die Lust an, sich zu bewegen, zu erzählen, ihre Gefühle auszudrücken. Kinder erleben in der Musik die ganze Bandbreite an Emotionen und nutzen sie als Ventil für ihre momentanen Gefühle: Musik als Freude, Musik als Trost, Musik als Möglichkeit, Kreativität zu entdecken und zu fördern usw.

Beim Singen wirken körperliche Prozesse, wie etwa das Atmen, und emotionaler Ausdruck eng zusammen. Mit unserem Körper als Resonanzboden drücken wir musikalisch Gefühle aus und regen diese auch bei anderen an. Musiktherapeuten nutzen deshalb ganz bewusst die Wirkung, die Musik auf die Seele hat. Für sie hat Musik eine wichtige Rahmenfunktion, die gerade für Kinder mit tiefgreifenden (emotionalen) Entwicklungsdefiziten große therapeutische Bedeutung hat. Allerdings ist die dabei angestrebte Veränderung, die zur Neuschaltung von neuronalen Verbindungen führt, nach Aussagen der Fachleute „nur in einem dyadischen Prozess", d.h. über die Beziehung zu einer vertrauensvollen Person möglich (Nöcker-Ribaupierre et al., 2006, S. 150).

Die folgende Auswahl an Hör- und Rhythmusspielen, Kinderliedern und Bastelanleitungen für selbst gemachte Instrumente soll uns darin unterstützen, dieses einzigartige Potenzial der Musik für unsere Kinder und für uns selbst zu nutzen.

A   Hör- und Rhythmusspiele

Alles, was wir hören, schult unser Gehör. Die folgenden Spiele rund um das Thema „Hören" können dazu einen Beitrag leisten.

Laute und leise Tiere

Hier kommt es darauf an, die Geräusche von verschiedenen Tieren nachzuahmen. Wir schleichen z.B. wie die Katzen oder stampfen herum wie Elefanten. Welche Tiere sind besonders laut, welche besonders leise? Um den Kindern den Unterschied zwischen laut und leise deutlich zu machen, ist es vorteilhaft, möglichst gegensätzliche Tieren zu wählen (z.B. Maus und Löwe etc.).

Stop and go!

Die Kinder laufen wild durch den Raum, während mit einem Tamburin, einem anderen Instrument oder einfach nur auf einem Tisch ein Rhythmus gespielt wird. Sobald der Rhythmus abbricht, bleiben alle auf der Stelle stehen, wo sie sich gerade befinden. Man kann dieses Spiel auch mit unterschiedlichen Rhythmen variieren: Ein langsamer Rhythmus bedeutet dann langsam gehen, ein schnellerer laufen usw. Als Alternative bietet sich auch eine CD mit Kinderliedern oder einer anderen lebhaften Musik an, die wir an einer bestimmten Stelle unterbrechen. Dieses Spiel schult neben dem Rhythmusgefühl auch den Gleichgewichtssinn, den man beim Laufen und beim plötzlichen Stehenbleiben braucht. Es eignet sich hervorragend für Kindergeburtstage, da es vor allem mit vielen Kindern großen Spaß macht!

Tanzvergnügen

Hier kommt es darauf an, sich zu unterschiedlicher Musik passend zu bewegen. Besonders gut eignet sich hierfür klassische Musik, wie etwa die „Nussknackersuite" von Tschaikowsky, der „Karneval der Tiere" von Camille Saint-Saëns oder auch Mussorgskis „Bilder einer Ausstellung". Wir können beobachten, wie schnell auch schon die Kleinen ein gutes Gespür für die dem jeweiligen Musikstück angemessene Bewegungsweise entwickeln.

Wenn wir den Kindern bei diesem Spiel Chiffontücher umbinden, dann „schweben" sie wie kleine „Elfen" durch den Raum und wir sehen einen „Elfentanz"!

Geheimnisvolle Geräusche

Wir sind ganz leise, legen uns gemeinsam auf den Boden und lauschen bewusst allen Geräuschen um uns herum. Danach reden wir mit den Kindern darüber, woher diese Geräusche wohl stammen (z. B. aus der Heizung, vom Kühlschrank, vom Computer) und begeben uns auf die Suche nach ihnen!

Es ist überraschend, wie viele Geräusche es in unserem Wohnumfeld oder im Kindergarten gibt, die wir im normalen Alltag gar nicht mehr wahrnehmen. Die Kinder haben hier noch ein wesentlich feineres Wahrnehmungsvermögen als wir Erwachsene. Besonders schön ist dieses Spiel auch im Freien. Welche Geräusche hören wir hier?

Murmelrollen

In einer Schüssel (am besten einer Holzschüssel) lassen wir eine Murmel rollen und hören ihr ganz konzentriert zu, bis sie zum Stillstand gekommen ist. Diese kleine meditative Übung eignet sich auch hervorragend dazu, um „überdrehte" Kinder wieder zu beruhigen.

Küchenorchester

Kleine Kinder haben bekanntlich eine große Freude am Topfschlagen und am Krachmachen mit allen möglichen Alltagsgegenständen. Dies nutzen wir für unser „Küchenorchester". Zunächst wird mit den verschiedensten Küchenutensilien einfach munter drauflos experimentiert: Wie klingt eine Tasse, ein Teller, ein Glas oder auch ein Topf, wenn wir sie z. B. mit einem Kaffeelöffel vorsichtig anschlagen? Und welches Geräusch entsteht, wenn wir dafür einen Holzlöffel verwenden? Wie klingt es, wenn wir die Gegenstände fester und schneller anschlagen? Nachdem wir die einzelnen Gegenstände hintereinander gehört haben, können wir auch feststellen, welcher Gegenstand höher klingt, als der andere und welcher z. B. den tiefsten Ton erzeugt. Wie ist der Unterschied zwischen verschiedenen Materialien, etwa zwischen Gegenständen aus Metall und solchen aus Holz? Wenn alle Experimente gemacht sind, kann man auch versuchen, gemeinsam mit den Kindern kleine Musikstücke für das „Küchenorchester" zu entwickeln!

Ganz nebenbei lernen die Kinder bei diesem Spiel auch, wie sie mit unterschiedlichem Material umgehen müssen, dass sie z. B. bei einem Glas vorsichtiger sein müssen als bei einem Metalltopf.

Naturorchester

Dieses Spiel ist natürlich draußen im Freien, also im Garten, im Park, im Wald usw. genauso spannend wie drinnen. Welche Töne hat der Garten, der Wald? Wie klingen Steine, Holz oder Metall?

Kieselklang

„Wenn Kieselsteine klingen, erzählen sie von ihrer Reise", so der Pädagoge und Musiktherapeut Karl Michael Ranftl in einem seiner Kieselsteinkonzerte. Auch wir können mit Kindern auf diesem ältesten Rhythmus- und Melodieinstrument Klänge erzeugen. Mit zwei Steinen klopfen wir unterschiedliche Rhythmen, mit in Form und Größe unterschiedlichen Steinen aber erzeugen wir Töne. Kleine Steine klingen anders als große, flache wiederum anders als dicke. Ein flacher Stein vor der geöffneten Mundhöhle ergibt mit verschiedenen Mundbewegungen unterschiedliche Töne. Lassen Sie mit diesen „Rolling-Stones" ihre eigenen „Steininterpretationen" entstehen!

B Kinderlieder bleiben immer aktuell!

Sicher erinnern Sie sich noch an einige Lieder aus ihrer Kindheit. Bei manchen haben Sie vielleicht noch die Melodie im Ohr, bei anderen sogar bestimmte Textpassagen oder aber auch nur den Liedtitel. Kinder- und Spiellieder sind durch ihre einfachen und sich wiederholenden Tonfolgen auch schon für kleine Kinder gut nachvollziehbar. Ein eingängiger, meist gleich bleibender Rhythmus unterstützt den Spaß und das Lernen zusätzlich. Und neben den musikalischen Fähigkeiten fördern Kinder- und Spiellieder auch den sprachlichen Ausdruck.

In den überlieferten Liedtexten wird oft die unmittelbare Lebenswelt der Kinder vergangener Generationen besungen. Wir hören dort von Hasen, Wäldern, Birnen und Äpfeln u.v.a.m. Aber trotz oder gerade wegen unserer schnelllebigen modernen Zeit haben diese Lieder nichts von ihrem Reiz verloren. Auf den folgenden Seiten finden Sie eine Auswahl an beliebten Kinder- und Spielliedern, die Sie leicht selbst mit Ihrem Kind oder den Kindern in der Gruppe singen können:

Große Uhren machen „tick-tack"	überliefert
Große Uhren machen „tick-tack, tick-tack".	*Mit tiefer Stimme gleichförmig und langsam singen,*
Kleine Uhren mache „ticke-tacke, ticke-tacke".	*die Stimme anheben und schneller werden,*
Und die kleinen Taschenuhren machen „ticke-tacke, ticke-tacke, …".	*mit hoher Stimme und sehr schnell singen.*

Dieses beliebte Uhrenlied mit seinem einfachen Rhythmus eignet sich schon für die Allerkleinsten und kann auch für Kniereiterspiele verwendet werden. Wir können es auch gut rhythmisch mit den Händen begleiten, indem wir z.B. klatschen, uns auf die Schenkel schlagen oder auf eine Tischplatte klopfen.

Häschen in der Grube Text: Friedrich Fröbel, Musik: trad.

2. Häschen in der Grube
   nickt und weint.
   Doktor, komm geschwind herbei
   und verschreib ihm Arzenei!
   Häschen schluck! …

3. Häschen in der Grube
   hüpft und springt.
   Häschen, bist du schon kuriert?
   Hui, das rennt und galoppiert!
   Häschen, hopp! …

Ringel, Ringel, Reihe

Text: trad.

Ringel, Ringel Reihe,
sind der Kinder dreie!
Sitzen unterm Holderbusch,
rufen alle „husch, husch, husch!"

Ringel, Ringel, Rosen,
gelbe Aprikosen,
Veilchen blau, Vergissmeinnicht,
alle Kinder setzen sich.

Tipp: Wenn man dieses Lied als Erwachsener nur mit einem Kind singt, dann singt man statt „sind der Kinder dreie" einfach „wir sind der Menschen zweie".

Ein Männlein steht im Walde

Text: Heinrich Hoffmann von Fallersleben, Musik: trad.

1. Ein Männlein steht im Walde ganz still und stumm; es hat von lauter Purpur ein Mäntlein um. Sag, wer mag das Männlein sein, das da steht im Wald allein mit dem purpurroten Mäntelein?

2. Ein Männlein steht im Walde
   auf einem Bein,
   es hat auf seinem Haupte
   schwarz Käpplein klein.
   Sag, wer mag das Männlein sein,
   das da steht im Wald allein
   mit dem kleinen schwarzen Käppelein?

Spannenlanger Hansel

Text und Musik: trad.

1. Span-nen-lan-ger Han-sel, nu-del-di-cke Dirn!
Gehn wir in den Gar-ten, schüt-teln wir die Birn'n.
Schüt-tel ich die gro-ßen, schüt-telst du die klein'n,
wenn das Säck-lein voll ist, gehn wir wie-der heim.

2. Lauf doch nicht so närrisch, spannenlanger Hans!
   Ich verlier die Birnen und die Schuh' noch ganz.
   Trägst ja nur die kleinen, nudeldicke Dirn,
   und ich schlepp den schweren Sack mit den großen Birn'.

Wir haben eine Ziehharmonika

Text und Musik: trad.

Wir ha-ben ei-ne Zieh - har - mo - ni - ka,
tschin-de-ras-sa, tschin-de-ras-sa, bum, bum, bum! Wir
bum, bum, bum! Sie spielt uns im-mer wie - der die
al-ler-schöns-ten Lie - - der. Wir ha-ben ei-ne Zieh-har -
mo-ni-ka, tschin-de-ras-sa, tschin-de-ras-sa, bum, bum, bum!

C Musikinstrumente – selbst gemacht

Besonders viel Spaß macht es, die Kinder- und Spiellieder nicht nur zu singen, sondern auch instrumental zu begleiten! Es gibt eine Vielzahl von Musik- und Rhythmikinstrumenten, die man kaufen kann. Aber noch interessanter ist es, wenn wir mit den Kindern einige Instrumente selbst herstellen und uns dann überraschen lassen, welchen Klang wir aus ihnen hervorzaubern. Im Folgenden einige Bastelvorschläge dazu:

Glühbirnenrassel

Material:

- Glühbirne
- Pappröhre, z. B. von einer Rolle Haushaltspapier
- 2 bis 3 Bögen Zeitungspapier
- Kleister
- evtl. Farbe und Pinsel

Zunächst die Pappröhre mit Zeitungspapier ausstopfen und die Glühbirne an einem Ende auf die Röhre setzen. Dann die Glühbirne rundherum mit mehreren Lagen Zeitungspapier einkleistern, sodass sie fest mit der Pappröhre verbunden ist. Nach dem Trocknen die Rassel vorsichtig gegen eine feste Fläche klopfen. Dadurch zerspringt das Glas im Inneren, und die Scherben erzeugen den typischen Rasselton. Zum Schluss können wir die Rassel auch noch anmalen.

Kronkorkenrassel

Material:

- viele Kronkorken
- Hammer
- ein großer Nagel
- stabiler Draht, z. B. dicker Elektrodraht

Mit Hammer und Nagel in die Mitte jedes Kronkorkens ein Loch schlagen und dann die Korken auf den Draht auffädeln. Ein dicker Elektrodraht eignet sich dafür besonders gut, da er ummantelt und damit gut zu greifen ist. Es können beliebig viele Kronkorken verwendet werden. Am Schluss werden die beiden Drahtenden zu einem Kreis gebogen und an den Enden miteinander verdreht – fertig ist unsere Rassel!

Regenmacher

Material:

- ein größeres, stabiles Papprohr (z. B. von Plakaten)
- viele Nägel, die etwas kürzer sind als der Durchmesser der Rolle
- ein Stück Stoff oder stabiles Papier
- starke Gummis
- Hammer
- Füllmaterial (z. B. Reis, Erbsen, Linsen, Apfelkerne o. Ä.)
- evtl. buntes Papier zum Bekleben

Zunächst die Nägel kreuz und quer in die Papprolle schlagen. Dann ein Ende der Rolle abdichten, das Füllmaterial hineinschütten und zuletzt auch das andere Ende der Rolle verschließen. Als Verschlüsse, die mit starken Gummis befestigt werden, eignen sich entweder ein Stück Stoff oder ein stabiles Papier. Manche Plakatrollen haben auch Deckel aus Plastik, die man hier ebenso gut verwenden kann. Wenn wir die Papprolle noch mit einem schönen Papier bekleben, erhalten wir einen wunderschönen Regenstab!

Dann bewegen wir diesen „Regenmacher" langsam von einer Seite zur anderen und lauschen dem Geräusch, das die Füllung dabei erzeugt. Und schon fühlen wir uns wie im Urwald!

Zupfgitarre

Material:

- Zigarrenkiste oder vergleichbares Behältnis
- verschieden große Gummis

Über eine Zigarrenkiste oder ein anderes, geeignetes Behältnis, das als Resonanzkörper dienen kann, werden im gleichen Abstand unterschiedlich große Gummis gespannt, und schon ist unsere Zupfgitarre fertig. Aufgrund der verschiedenen Größen sitzen die Gummis unterschiedlich straff und erzeugen dadurch unterschiedlich hohe Töne.

Blechtrommel

Material:
- Blechdose (z. B. leere Keksdose)
- Holzstab oder Kochlöffel aus Holz, evtl. mit Stoff umwickelt
- ca. 2 m langes Stoffband

Das Stoffband an einem Ende um die Keksdose wickeln und festknoten. Dann die Trommel etwa auf Hüfthöhe des Kindes halten, das Band um seinen Nacken legen und das andere Ende des Bandes am gegenüberliegenden Ende der Dose festknoten, sodass das Kind die Trommel um den Hals tragen kann. Als Trommelstöcke dienen uns Holzstäbe oder Kochlöffel. Tipp: Die Stöcke bzw. Kochlöffel im vorderen Drittel mit Stoff umwinkeln, dann können unsere kleinen Trommler so fest trommeln, wie es ihnen gefällt!

Tontopftrommel

Material:
- Blumentopf aus Ton
- Fensterleder
- Paketschnur
- evtl. Fingerfarben oder Wachsmalstifte

Auf einen Blumentopf aus Ton ein nasses Fensterleder spannen. Mit der Paketschnur das Leder am Rand des Tontopfs umwickeln und nachziehen. Dann die Schnur noch mehrmals fest um den Tontopf zurren und verknoten. Wenn das Fensterleder nun trocknet, spannt sich unser „Trommelfell". Man kann die Trommel zum Abschluss auch noch mit Fingerfarben oder Wachsmalstiften anmalen, dann sieht sie besonders schön und vielleicht sogar ein wenig afrikanisch aus!

Glöckcheninstrumente für unsere Kleinsten!

Glöckchentuch

Material:
- ein Tuch von kleiner bis mittlerer Größe
- vier Glöckchen aus dem Bastelladen
- Nadel und Faden

Dieses Instrument ist schnell fertig gestellt: Einfach nur an allen vier Ecken des Tuches je ein Glöckchen annähen. Wenn wir unser Tuch jetzt in der Mitte hochnehmen und schütteln, dann erklingt eine zauberhafte „Sphärenmusik"!

Glöckchenhandschuh

Material:

- Fingerhandschuh
- fünf Glöckchen aus dem Bastelladen
- Nadel und Faden

Auch dieser Glöckchenhandschuh ist im Nu einsatzbereit, indem man an jede Fingerkuppe des Handschuhs einfach ein Glöckchen annäht. Wenn wir uns nun den Handschuh anziehen und unsere Hand ein wenig schütteln, dann ertönt eine wunderschöne Glöckchenmusik ...

Glöckchenrassel

Material:

- Schneebesen aus Plastik oder Metall
- kleine Glöckchen in beliebiger Anzahl
- Faden oder dünne Schnur

Die Größe des Schneebesens wählt man am Besten je nach Alter des Kindes aus. Auch für die ganz Kleinen gibt es schon Miniatur-Schneebesen im Spielwarenhandel. Mit dem Faden oder der Schnur werden die Glöckchen an den Streben des Schneebesens festgemacht – und schon ist unsere Glöckchenrassel fertig!

Dieses Instrument können auch schon unsere Kleinsten spielen, sobald sie imstande sind, etwas zu greifen.

Klangstäbe

Material:

- ein Besenstiel
- Säge
- Schleifpapier

Von einem Besenstiel etwa 12 bis 15 cm lange Stücke abschneiden (oder im Baumarkt abschneiden lassen). Die Anzahl der benötigten Stücke richtet sich nach der Anzahl der Kinder, die Klangstäbe erhalten sollen, pro Kind zwei Stück. Nun noch

die Enden der abgesägten Stücke mit Schleifpapier glätten und die Ränder abrunden – schon sind die Klangstäbe einsatzbereit. Mit unseren neuen Klangstäben können wir wunderbar den Rhythmus zu Liedern klopfen oder selbst Rhythmen erfinden.

Einige Tipps zum Musizieren ohne Noten- und Instrumentalkenntnisse

Vielleicht erinnern Sie sich noch an frühere Blockflöten- oder Gitarrenkenntnisse. In diesem Fall sind die einfachen Kinderlieder die ideale Gelegenheit, diese Kenntnisse wieder aufzufrischen!

Und wenn Sie gerne ein Kinderlied spielen wollen, aber kein Instrument beherrschen oder keine Noten lesen können, probieren Sie es doch einfach mal mit einer Kinderblasharmonika, die über bunte Tasten zum Notenlernen verfügt! Diese Instrumente sind nicht teuer, Sie haben bestimmt einen Riesenspaß, und auch die Kinder werden sehr bald selbst damit spielen können. In der Regel sind diesen Kinderblasharmonikas bereits Büchlein mit Kinderliedern beigelegt, bei denen die Noten den Farben der Tasten auf der Harmonika entsprechen. Im Handel gibt es überdies auch Glockenspiele, die ebenfalls bunte Metallplättchen haben.

Oder experimentieren Sie mit einer einfachen Mundharmonika oder einer Maultrommel ...

So können Sie gemeinsam mit den Kindern musizieren, die Sie vielleicht mit den eben erwähnten, selbst gebastelten Instrumenten begleiten – fertig ist die kleine Hausmusik!

Schätze für uns Erwachsene ...

Wenn wir mit unseren Kindern singen, einen Rhythmus klopfen oder ein Instrument spielen, dann bringen wir uns in Gleichklang mit ihnen. Wir bewegen uns in diesem Augenblick jenseits von Zeit und Raum, von Pflicht und Verpflichtung. Wir sind nur da. Auch einfache Lieder können auf diese Weise eine Art meditative Wirkung auf uns ausüben. Wir entspannen, schalten vom Alltag ab oder erinnern uns an die eigene Kindheit. Sich aber durch die Musik im Einklang mit uns und unserer Umgebung zu befinden – dies hat sicherlich eine harmonisierende und heilende Wirkung auf uns.

3. Die Magie der Zahlen
Spiele zur Bildung der mathematischen Intelligenz

„Mathematik ist das Alphabet,
mit dessen Hilfe Gott das Universum beschrieben hat!"
Galileo Galilei

Als logisch-mathematische Intelligenz wird von der Hirnforschung die Fähigkeit bezeichnet, Schlussfolgerungen aufzustellen und zu verstehen, mit Strukturen, Zahlen, Mengen und mentalen Operationen leicht umgehen zu können (Gardner, 2005, S. 124ff.). Zahlreiche Forscher sind der Ansicht, dass zwischen den Bereichen der Musik und der Mathematik viele Ähnlichkeiten bestehen: „Im abendländischen Mittelalter wie in vielen anderen Kulturen wiesen das Studium der Musik und der Mathematik viele Gemeinsamkeiten auf, zum Beispiel das Interesse an Proportionen, bestimmten Zahlenverhältnissen, sich wiederholenden Mustern und anderen Gesetzmäßigkeiten." (ebd., S. 122). Menschen mit einer ausgeprägten musikalischen Intelligenz finden wir daher nicht nur unter den Komponisten, Musikern oder Dirigenten, sondern z. B. auch unter den Mathematikern und Physikern.

Im Spiel erfahren unsere Kinder die Ordnung der Welt, die sie umgibt. Sie wollen diese Welt kennenlernen und betreiben dabei bereits sehr früh „Mathematik". Auch die Herkunft des Begriffs „Mathematik" deutet darauf hin: Er ist aus dem griechischen Wort „manthanein" abgeleitet, was soviel bedeutet wie „erfahren" oder „kennenlernen". Kinder haben eine natürliche mathematische Begabung. Während viele Erwachsene unangenehme Erinnerungen an ihren Mathematikunterricht haben, besitzen Kinder noch ein natürliches und offenes Verhältnis zu Zahlen, zum Zählen und zum Vergleichen und Ordnen. Sie erleben dabei Spaß, können kreativ mit Mathematik umgehen – und haben Erfolgserlebnisse! Nahezu mühelos lernen sie Größenverhältnisse, Mengenangaben, Regelmäßigkeiten und Gesetzmäßigkeiten kennen. Bereits die Kleinen sind von Zahlen sowie von geometrischen und akustischen Mustern fasziniert (wenn sie z. B. mit einem Stab einen Gartenzaun entlangfahren). Wer den Stolz in ihren Augen sieht, wenn sie zum ersten Mal mit ihren Fingern ihr Alter zeigen können, der erkennt, was es für sie bedeutet: Mit Zahlen verschaffen sie sich Zugang zur Lebenswelt und zur Weltsicht der Erwachsenen. Beim Backen und Abwiegen, beim Abmessen mit einem Maßband, beim Einkaufen, Tischdecken, Aufräumen – überall begegnen unseren Kindern Mengen, Größen, Gewichte.

Warum Mathematik „Babykram" ist –
oder: Wie Kleinkinder ihre mathematischen Fähigkeiten entwickeln

Dem Entwicklungspsychologen Jean Piaget zufolge fußt auch unser logisch-mathematisches Verständnis direkt auf unserem Handeln. Das Denken, auch das mathematische, beginnt mit unseren ersten Handlungen – und damit bereits in unserer „Kinderstube". Babys und Kleinkinder erforschen Gegenstände aller Art, wie Rasseln, Mobiles, Becher u.v.a.m., und machen damit erste mathematische Erfahrungen.

Es ist mittlerweile wissenschaftlich erwiesen, dass Babys über eine angeborene mathematische Intelligenz verfügen und z. B. bereits bis drei zählen können! Amerikanische und israelische Hirnforscher konnten sogar nachweisen, dass sie schon im Alter von sechs bis neun Monaten mathematische Fehler erkennen (vgl. Viehweg, 2006). Versuche mit neun Monate alten Babys zeigten überdies, dass Kleinkinder schon mathematische Prinzipien wie „Plus" und „Minus" erfassen können und ein angeborenes mathematisches Grundverständnis besitzen, das sich nicht erst mit der Sprache ausbildet (vgl. Lehnen-Bayel, 2004).

Gelegenheiten, dieses mathematische Grundverständnis zu erweitern, gibt es für unsere kleinen Entdecker reichhaltig, denn ihre Welt ist, wie auch die unsere, voll von Mathematik – nur sehen wir Erwachsene dies oft nicht mehr!

Bis zum 18. Lebensmonat reift bei Kindern die Erkenntnis, dass Gegenstände auch dann weiterexistieren, wenn sie aus ihrem Blickfeld verschwunden sind. Sie entwickeln in diesem Zusammenhang ein Vorstellungsvermögen, ein Bild von Dingen. Innerhalb weniger Monate lernt das Kleinkind jetzt, Ähnlichkeiten zwischen Objekten zu erkennen und inhaltliche Gruppen bzw. Kategorien wie Autos, Bausteine, Becher usw. zu bilden. Damit ist der erste Schritt zum abstrakten Denken vollzogen. Das Kleinkind macht sich selbst in dieser Entwicklungsphase bereits seinen eigenen „Mathematikunterricht"! Zunehmend beginnt es, Größenunterschiede zu entdecken und Mengenunterschiede zu begreifen. Aber erst frühestens mit etwa drei Jahren können Kinder auch ein Gefühl für die Welt der Zahlen entwickeln, und mit vier bis fünf Jahren werden sie dann im Zahlenuniversum immer sicherer.

Kinder lieben feste Ordnungen und Strukturen, da diese automatisch das gehirngerechte Lernen fördern und ihnen überdies Sicherheit geben. Sie entdecken unterschiedliche Formen, betasten sie, erkunden sie mit allen Sinnen, fügen Massen und Mengen hinzu und nehmen sie wieder weg (wie z. B. beim Spielen mit Sand), vergleichen Gleiches mit Ungleichem und tauchen so Stück für Stück in die Mathematik ein.

Kleinkinder lieben es außerdem, Vorgänge so lange zu üben, bis sie ihnen gelingen, bis sie also z. B. geometrische Formen in vorgefertigte Ausschnitte stecken können. Auch damit verfestigen sie ihre neuronalen Strukturen und speichern ihre Erkenntnisse im Langzeitgedächtnis ab.

Interessantes aus unserer zahlenreichen Welt

Zahlen spielen von alters her in allen Kulturen eine wichtige Rolle. Die Erforschung und Berechnung der Natur mittels empirischer Messungen und theoretischer Gedankengebäude gilt seit Gelehrten wie Thales, Phytagoras oder Demokrit, spätestens aber seit Aristoteles als Grundlage unserer Kulturentwicklung. Auch die Kunst hat sich die Mathematik zunutze gemacht, so etwa in der Perspektive oder in Formen, wie z. B. beim Kubismus.

Wir Erwachsenen nehmen die Einteilung der Welt in Zahlenbereiche oft nicht mehr bewusst wahr. Ganz selbstverständlich sprechen wir aber z. B. von der Dreifaltigkeit, von den vier Elementen und den vier Himmelsrichtungen, erzählen in Märchen von Siebenmeilenstiefeln und von den sieben Zwergen, teilen unsere Woche in sieben Tage ein. Zahlen werden von manchen Menschen sogar magische Fähigkeiten zugeschrieben: Die Zahl 7 gilt im europäischen Kulturkreis als Glückszahl, die Zahl 13 dagegen als Unglückszahl.

Bilder und Gegenstände, die den mathematischen Regeln des „goldenen Schnitts" entsprechen, empfinden wir als schön und harmonisch. Auch in der Natur stoßen wir auf den „goldenen Schnitt" bei Pflanzen und Tieren.

Manchmal bauen wir unbewusst mathematische Bewegungsmuster in unsere Handlungen ein (wenn wir z. B. jede zweite Treppenstufe überspringen), und regelhafte Abläufe, Strukturen und Zahlenmuster (z. B. im Tagesablauf oder in der Organisationsstruktur eines Betriebes) geben auch uns Erwachsenen im Alltag Sicherheit!

Wie erkennen wir, ob Kinder besondere mathematische Fähigkeiten besitzen?

Ältere Kinder mit ausgeprägten mathematischen Fähigkeiten lieben es, Listen und Diagramme zu erstellen und bei Problemstellungen eigene Lösungswege zu suchen. Sie haben Spaß am Umgang mit Zahlen, Formeln und Maßeinheiten. Sie suchen nach logischen Begründungen, analysieren scharf und durchschauen oft schneller als andere Regeln und Prinzipien. Oft finden wir sie unter denjenigen, die organisieren.

A Mathematische Spielereien

Auf Entdeckungsreise im Formenland

Formen gibt es überall. Eine Entdeckungsreise durch das Formenland kann ganz schön spannend und spaßig sein:

Was kann man z. B. zu Hause oder in der Kindertagesstätte alles finden, das *rund* ist? Eine Tomate, einen Ball, einen Wecker, einen Teller u. v. a. m. – alle diese Dinge sind rund, aber aus unterschiedlichem Material!

Und was ist alles *rechteckig*? Das Bilderbuch, ein Blatt Papier, ein Tisch usw. – auch hier gilt es wieder, Dinge mit ähnlichen Formen, aber unterschiedlichen Materialien zu entdecken ...

Als Nächstes suchen wir alles, was *dreieckig ist*! Da fällt uns z. B. ein Pizzastück auf – wer entdeckt noch etwas Dreieckiges?

Zu guter Letzt: Was ist alles *oval* wie ein Ei?

Die Größeren unter den Kindern können diese Expedition ins Formenland natürlich mit vielen weiteren Formen fortsetzen!

Formen, Zahlen und Strukturen in der Natur

Aber nicht nur drinnen, sondern auch draußen lassen sich unendlich viele Formen, Zahlenregeln und Strukturen entdecken: Wie viele Blütenblätter hat eine bestimmte Blumensorte? Welche Form und Struktur hat ein Blatt, welche ein Spinnennetz? Was in der Natur sieht ähnlich aus, obwohl es doch etwas ganz anderes ist? usw.

Wir bringen Ordnung ins Formenchaos

Hier kommt es darauf an, Formen zu ordnen: Dazu werden unterschiedliche Formen (aus Plastik oder Pappe) ungeordnet auf einen Haufen gelegt. Dann geht es darum, alle gleichen Formen auf einen Haufen oder in eine Schachtel zu sortieren.

Welche Farbe hat die Welt?

Gegenstände lassen sich aber nicht nur nach der Form, sondern auch nach der Farbe ordnen:

Was ist alles gelb (z. B. die Sonne auf einem Bilderbuch, eine Serviette, Socken usw.)?

Was in unserer Umgebung ist rot (z. B. eine Tomate, ein Pullover etc.)?

Was ist grün (so etwa die Pflanzen, ein T-Shirt u. v. a. m.)?

Was ist blau (vielleicht der Himmel, die Knetmasse etc.)?

Was ist braun (z. B. der Holztisch, die Decke etc.)?

Und was in unserer Umgebung ist schwarz, pechschwarz – oder was ist strahlend weiß?

Gleich und Gleich gesellt sich gern

Ein Spiel, das auch die Kleineren schon spielen können: Wir legen zunächst ein ungleiches Teil unter lauter gleiche Gegenstände. Was passt nicht dazu und warum? Hat dieser Gegenstand eine andere Form, eine andere Farbe oder ist er aus einem anderen Material?

Turmbaumeister

Wir bauen einen Turm und experimentieren dabei mit Bauklötzen von unterschiedlicher Größe und Form. Welche Bauklötze brauche ich als Basis für meinen Turm? Wie hoch kann ich bauen? Wann und warum fällt der Turm um?

Bei diesem Spiel lernen die Kinder die Folgen von sicherer und unsicherer Statik kennen und erfahren damit zugleich erste physikalische Gesetze.

Kaufladen

Das Spiel mit dem Kaufladen (den wir auch mit einem Tisch improvisieren können) ist ein seit Generationen ein beliebtes Spiel und fördert das Umgehen mit Zahlen und Mengen auf ganz einfache Weise. Zudem lernen die Kinder hier die Beziehung zwischen Ware und Geldwert kennen: viele Geldstücke für größere Mengen – wenige Geldstücke für kleinere Mengen ...

Formen ertasten

Mit diesem Spiel fördern wir neben dem Gespür für Formen auch den Tastsinn: Eine Kiste oder ein Korb voller Gegenstände mit unterschiedlichen Formen wird zugedeckt vor die Kinder gestellt. Diese dürfen dann die Objekte und deren Formen unter der Decke ertasten, benennen bzw. erraten und dann zum Schluss hervorholen. Dabei gibt es sicherlich manche lustige Überraschung.

Formen-Domino

Material:
- stabiler Karton
- Stifte
- Schere

Zunächst wird der Karton in längsrechteckige Stücke (in der Form von Dominosteinen) zerschnitten. Dann wird auf diese Kartonteile, wie bei Dominosteinen, jeweils rechts und links eine Form aufgemalt. Nun kann das Dominospiel beginnen! Statt reiner geometrischer Figuren (Kreise, Dreiecke, Vierecke, Quadrate usw.), kann man natürlich auch Haushaltsgegenstände oder Spielsachen aufmalen, die die entsprechenden Formen besitzen.

Blumensuchspiel

Ein Farbenspiel, das wir im Sommer draußen spielen können: Wir nennen eine Farbe, und unser Mitspieler sucht eine dazu passende Blume. Hat er eine gefunden, dann nennt er eine weitere Farbe, und wir sind nun mit dem Suchen dran usw.

Mathematische Bäckerei

Einfach aus Plätzchenteig verschiedene Formen ausstechen und diese dann backen. Danach können wir unsere Kunstwerke betrachten, benennen, vergleichen – und davon naschen! Auf diese Weise wird aus der Weihnachtsbäckerei praktische und essbare Mathematik.

Treffsicher

Schüttübungen machen allen Kindern Spaß und sind gut dafür geeignet, das Gefühl für Mengen und Volumen zu schulen: einfach die gleiche Menge an schüttbarem Material (Sand, Reis etc.) in unterschiedliche Gefäße füllen. Je nach Alter kann man das mit gleichen oder mit unterschiedlichen Schüttwerkzeugen (Becher, Löffel etc.) probieren. Wie viel Sand, Reis usw. brauche ich, bis eine Tasse, eine Schüssel, ein Topf etc. voll ist? Ein Tipp: Alles auf ein Tablett stellen, dann darf auch einiges danebengehen!

Alles in Ordnung!

Behälter mit vielen Unterteilungen eignen sich bestens dafür, Dinge zu sortieren. Man kann z. B. unterschiedliche Steine in die einzelnen Aushöhlungen von Pralinenschachteln, verschiedene Murmeln in die Fächer von Eiswürfelbehältern, Kastanien oder Bauklötze in Eierkartons usw. ordnen. Aus Sicherheitsgründen und wegen der unterschiedlichen Fähigkeit zum Greifen empfiehlt es sich, das Material umso größer zu wählen, je kleiner die Kinder sind.

Groß und Klein

Material:
- breite Packpapierrolle
- Wachsmalstift
- Schere

Zunächst legt sich das Kind mit dem Rücken auf eine ausgerollte Packpapierrolle. Dann zeichnen wir seine Umrisse auf dem Papier nach. Als Nächstes sind wir Erwachsene dran und lassen uns vom Kind unseren Umriss auf die gleiche Art und Weise auf Papier zeichnen. Dabei sollte man dem Kind je nach Alter helfen bzw. ihm Anhaltspunkte geben, wo es mit dem Stift entlangfahren oder nur eine Markierung machen soll, die wir dann selbst mit anderen Markierungen zu einem Umriss verbinden.

Wenn wir nun die beiden Umrisse ausschneiden und aufeinanderlegen, erhalten wir interessante Einblicke in die Größenverhältnisse zwischen Kindern und Erwachsenen bzw. in deren unterschiedliche Körperproportionen. Wir können z. B. die beiden Köpfe übereinanderlegen oder untersuchen, wie oft der Kinderfuß in den Erwachsenenfuß passt.

Schön ist es auch, die Figuren noch bunt anzumalen; damit erhalten wir eine lustige Dekoration für das Kinderzimmer – und können diese Galerie auch erweitern, indem wir das Kind immer dann, wenn es wieder gewachsen ist, erneut „abmalen" und den neuen Umriss danebenkleben.

Beim Selbst-Erfinden weiterer mathematischer Spiele sind Ihrer Fantasie natürlich keine Grenzen gesetzt!

B Zählspiele und Abzählreime

Kleine Kinder lieben Zahlen. Sie haben deshalb nicht nur an Fingerspielen (s. oben), sondern auch an Zählspielen und Abzählreimen jeder Art großen Spaß. Auf diese Weise üben sie seit Generationen mit großer Begeisterung die Zahlen und das Zählen ein. Im Folgenden eine kleine Auswahl solcher Zählspiele und Abzählreime:

Oben auf dem Berge

Oben auf dem Berge,

eins, zwei, drei,

Jeweils bei „eins, zwei, drei" den Daumen, Zeige- und Mittelfinger ausstrecken.

da sitzen kleine Zwerge,

eins, zwei, drei,

und unten auf der Wiese,

eins, zwei, drei,

da schläft ein dicker Riese,

eins, zwei, drei.

Die Stachelmaus

Ich bin die kleine Stachelmaus	
und strecke meine Fühler aus:	*Alle zehn Finger nach vorne ausstrecken, damit wackeln und dann wieder wegnehmen,*
Erst eins,	*bei zur Faust geballter Hand den Daumen zeigen,*
dann zwei,	*den Zeigefinger dazunehmen,*
dann drei,	*nun auch den Mittelfinger zeigen,*
dann vier,	*den Ringfinger dazunehmen,*
dann fünf,	*nun alle Finger der Hand zeigen,*
dann laufe ich geschwind nach Haus.	*die Finger hinter den eigenen Rücken „laufen" lassen.*

Fünf Männlein sind in den Wald gegangen

Fünf Männlein sind in den Wald gegangen, sie wollten einen Hasen fangen.	*Die linke Hand hochhalten,*
Das erste war so dick wie ein Fass, das brummte immer: „Wo ist denn der Has, Wo ist denn der Has?".	*mit beiden Armen vor dem Körper einen dicken Bauch nachahmen,*
Das zweite sprach: „Sieh da, sieh da, da ist er ja".	*mit dem Zeigefinger auf das Kind zeigen,*
Das dritte war das allerlängste, aber auch das allerbängste. Das fing gleich an zu weinen: „Ich sehe keinen, ich sehe keinen".	*den Mittelfinger hochhalten und sich damit die Augen reiben,*
Das vierte sprach: „Mir ist's zu dumm. Ich kehre sofort wieder um".	*den Ringfinger hochhalten und sich mit den flachen Händen auf die Knie schlagen,*
Das kleinste aber, wer hätt's gedacht, das hat den Hasen mit nach Hause gebracht!	*den kleinen Finger hochstrecken.*

Zehn kleine Zappelmänner

Zehn kleine Zappelmänner zappeln hin und her,	*Mit allen zehn Fingern hin und herzappeln,*
zehn kleinen Zappelmännern fällt das gar nicht schwer.	
Zehn kleine Zappelmänner zappeln auf und nieder,	*alle zehn Finger auf- und niederschwingen,*
zehn kleine Zappelmänner tun das immer wieder.	*die eben gemachte Bewegung wiederholen,*
Zehn kleine Zappelmänner zappeln rundherum,	*alle zehn Finger rundherumschwingen,*
zehn kleine Zappelmänner, die sind gar nicht dumm.	*die eben gemachte Bewegung wiederholen,*
Zehn kleine Zappelmänner spielen mal Versteck,	*alle zehn Finger hinter dem Rücken verstecken,*
zehn kleine Zappelmänner sind auf einmal weg.	
Zehn kleine Zappelmänner rufen laut „Hurra!",	*die Finger wieder hervorholen,*
zehn kleine Zappelmänner, die sind wieder da.	*erneut mit den Fingern zappeln*

1, 2, 3, 4, 5, 6, 7, eine alte Frau kocht Rüben

1, 2, 3, 4, 5, 6, 7,	*Mit den Fingern die Zahlen aufzählen,*
eine alte Frau kocht Rüben,	*eine weiträumige Rührbewegung machen,*
eine alte Frau kocht Speck,	*die Rührbewegung in die entgegengesetzte Richtung machen,*
und du bist weg!	*auf das Kind zeigen oder es anstupsen.*

Vielleicht fallen Ihnen ja auch noch weitere Abzählreime aus Ihrer Kindheit ein, die Sie gemeinsam mit den Kindern spielen können!

C Kinderlieder mit mathematischem Hintergrund

Auch mit den folgenden Kinderliedern lernen die Kinder auf spielerische Weise Zahlen und Farben kennen.

Grün, grün, grün sind alle meine Kleider   Text und Musik: trad.

Grün, grün, grün sind al-le mei-ne Klei-der. Grün, grün, grün ist al-les was ich hab. Da-rum— lieb ich al-les was so grün ist, weil mein Schatz ein Jä-ger— ist. Da rum— ist.

2. Rot, rot, rot sind alle meine Kleider,
   rot, rot, rot ist alles, was ich hab',
   Darum lieb' ich alles, was so rot ist,
   weil mein Schatz ein Reiter ist.

3. Blau, blau, blau sind alle meine Kleider,
   blau, blau, blau ist alles, was ich hab',
   Darum lieb' ich alles, was so blau ist,
   weil mein Schatz ein Matrose ist.

4. Schwarz, schwarz, schwarz sind alle meine Kleider,
   schwarz, schwarz, schwarz ist alles, was ich hab',
   Darum lieb' ich alles, was so schwarz ist,
   weil mein Schatz ein Schornsteinfeger ist.

5. Weiß, weiß, weiß sind alle meine Kleider,
   weiß, weiß, weiß ist alles, was ich hab',
   Darum lieb' ich alles, was so weiß ist,
   weil mein Schatz ein Bäcker ist.

6. Bunt, bunt, bunt sind alle meine Kleider,
   bunt, bunt, bunt ist alles, was ich hab',
   Darum lieb' ich alles, was so bunt ist,
   weil mein Schatz ein Maler ist.

Die kleine Hexe

Text und Musik: trad.

Vorsänger — Mor - gens früh um sechs,— *Gruppe* — mor - gens früh um sechs,—

Vorsänger — kommt die klei - ne Hex — *Gruppe* — kommt die klei - ne Hex.

Morgens früh um sieben
schabt sie gelbe Rüben.
Morgens früh um acht
wird Kaffee gemacht.
Morgens früh um neune
geht sie in die Scheune.

Morgens früh um zehn
holt sie Holz und Spän'.
Feuert an um elf,
kocht dann bis um zwölf:
Fröschebein und Krebs und Fisch,
hurtig Kinder, kommt zu Tisch!

💎 Schätze für uns Erwachsene ...

Mit unseren Kindern können auch wir selbst wieder einen neuen Zugang zur Mathematik bekommen. Mathematik ist damit nicht nur das, was wir in der Schule erfahren haben. Der Dichter Novalis schwärmt 1798 in seinem „Monolog" über mathematische Formeln:

> „... sie machen eine Welt für sich aus, sie spielen nur mit sich selbst, drücken nichts als ihre wunderbare Natur aus ... und eben darum spiegelt sich in ihnen das Verhältnisspiel der Dinge."

Wir erkennen, dass Mathematik keine „trockene" und langweilige Materie ist, sondern ein Teil unseres Alltags. Wie oft, wie viel, wie lange – ohne Antworten auf diese Fragen wären wir in vielen Situationen planlos und verunsichert. Mathematik ist überall. Mathematische Kategorien und Ordnungen teilen die Welt und unser Leben ein, bieten uns Struktur, Verlässlichkeit, Regelmäßigkeit und Handlungsfähigkeit. Wenn wir z. B. in einem Chaos eine Struktur erkennen, dann ist dieses Chaos für uns beherrschbar.

4. Kreativ Räume erobern
Spiele mit allen Sinnen zur Bildung der räumlichen Intelligenz

„Das ist hoch und das ist tief.
Das ist gerade – das ist schief."
aus einem Kinderlied, überliefert

Eng verbunden mit der Kompetenz, mathematische Regeln und Strukturen zu erkennen, ist auch die Fähigkeit zur räumlichen Wahrnehmung sowie das räumliche Vorstellungsvermögen.

Als „räumliche Intelligenz" gilt die Fähigkeit, räumliche Zusammenhänge gut zu erkennen und gedanklich umformen zu können. Insbesondere Architekten, Bildhauer, Künstler, Kartografen und Sportler brauchen diese Fähigkeit (Gardner, 2005, S. 160ff.).

Besonders beeindruckend sind die Ausprägungen der räumlichen Intelligenz bei uns fernstehenden Kulturen: Die Buschleute der Kalahari erkennen in ihrem mehrere hundert Quadratkilometer großen Jagdrevier jeden Busch und jede Bodenbesonderheit und nutzen diese für ihre Orientierung. Auch der Raumsinn der Eskimos gilt als legendär. Sie finden in der endlosen Schnee- und Eiswelt aufgrund von kleinsten Umweltdetails wieder zu ihren Hütten zurück (ebd.).

Der Begriff „Raum" hat auch im übertragenen Sinn Eingang in unsere Alltagssprache gefunden. Wir sprechen von Zeiträumen und von Sprachräumen, teilen die Erde in Kulturräume ein. Menschen oder Gegenstände bezeichnen wir manchmal als raumgreifend. Etwas wird uns zu eng oder wir fühlen uns „weit". Manche Mitmenschen haben einen weiten Horizont, andere einen begrenzten. An diesen wenigen Beispielen merken wir, welchen „Raum" dieses Wort in unserer Sprache und in unserem Denken einnimmt!

Kinder entwickeln ihr räumliches Verständnis, indem sie ihre Umwelt, den Raum, in dem sie sich bewegen, be-„greifen". Im Krabbelalter machen sich unsere Kleinsten mit den Dimensionen des Raumes vertraut. Sie lernen bei ihren Erkundungen, dass es ein Davor, ein Dahinter und ein Daneben gibt, ebenso wie ein Oben und ein Unten. Sie lernen Entfernungen einzuschätzen, zuerst in Bezug auf einen Gegenstand, dann auch zwischen zwei Gegenständen. Kleine Kinder schulen ihr räumliches und visuelles Denken, indem sie zunächst Proportionen erkennen, Materialien erforschen, unterschiedliche Volumen wahrnehmen, Formen, Farben und Eigenschaften erfahren. Dabei nehmen sie bei ihren „Erkundungsausflügen" also beim Robben, Krabbeln, Klettern oder beim Sich-Hochziehen und wieder Hinsetzen unterschiedliche Perspektiven ein.

Mit zunehmendem Alter können sich Kleinkinder schon an bereits gemachte Raumerfahrungen erinnern, d. h., in ihrer Vorstellung entsteht ein inneres Bild von diesen Erfahrungen. Aufgrund dessen können sich Kinder spätestens mit drei Jahren auch ein Ereignis vorstellen, das nicht gerade in diesem Moment stattfindet. So können sie beispielsweise jetzt einer Route folgen, die sie bereits früher durch eigene Erfahrung kennengelernt haben. Was ihnen jedoch zu diesem Zeitpunkt noch nicht gelingt, ist, Ereignisse, Hindernisse oder Gefahren vorauszusehen; die dafür nötigen neuronalen Strukturen sind in diesem Alter noch nicht ausgebildet (Gardner, 2005, S. 169).

Die Schulung der räumlichen Intelligenz braucht Gelegenheiten

Um die Grundlagen für die räumliche Intelligenz zu entwickeln, brauchen Kinder vielfältige Gelegenheiten, ihre räumliche Wahrnehmung mit allen Sinnen zu trainieren. Sie müssen ihr Seh- und Hörvermögen ausbilden, da beidseitiges Sehen und Hören sie bei der Strukturierung ihrer räumlichen Wahrnehmung unterstützt. Kinder müssen Räume aber auch be-„greifen", d.h., sie entwickeln für ihren Raumsinn auch einen Tastsinn. Auch in der Entwicklung ihres Raumsinns vollbringen Kinder in ihren ersten Lebensjahren eine Meisterleistung. Sie lernen sozusagen bei allen Gelegenheiten. Was sie daher von uns brauchen, das sind Anregungen, die wir ihnen in ihrer Umwelt bieten und vielfältige Gelegenheiten, alle ihre Sinne zu nutzen und zu schulen. Leider werden heute – insbesondere bei größeren Kindern – die Sinne für das Sehen und das Hören in überhöhtem Maße angesprochen. Insbesondere durch einen übertriebenen Fernsehkonsum kommt es dann zu einer Überreizung dieser beiden „Fernsinne".

Die „Nahsinne" dagegen, also das Riechen, Tasten, Schmecken und der Gleichgewichtssinn, sind heute häufig unterfordert und daher zu wenig ausgebildet. Kinder sollten aber an der Gestaltung ihrer Welt aktiv beteiligt sein, sie sollten „selber tun" können anstatt nur zuzugucken.

Spielend die Sinne entwickeln

Kinder mit ausgeprägten räumlichen Fähigkeiten zeigen ein gutes Vorstellungsvermögen. Sie zeichnen und malen viel, lieben Farben, Formen, Muster. Sie basteln, modellieren und bauen gern. Sie verfügen über einen guten Orientierungssinn und verstehen leichter Konstruktionen und Pläne.

Werden Kinder dagegen daran gehindert, alle ihre Sinne zu nutzen, dann kann dies im Extremfall sogar zu psychischen Schäden führen, da ihr Gehirn zu wenig Anreize für eine gut funktionierende Verschaltung erhält. Dabei gibt es unendlich viele Möglichkeiten, die Kinder bei der Entwicklung ihrer Sinne in spielerischer Weise zu unterstützen. Mit Tastbüchern, Fühlsäckchen oder Taststraßen fordern wir den Tastsinn heraus. Mit Malen, Kleistern oder einem Hindernisparcours geben wir unseren Kindern die Chance zu sehen, zu fühlen, sich zu bewegen und ihr

Gleichgewicht zu finden. Bei Bewegungsspielen wie Fangen und Verstecken erfahren sie räumliche Distanzen in Verbindung mit Geschwindigkeit. Das Versteckspiel schult zudem die Fähigkeit zur Ortung von Geräuschen im Raum. Bei Riechspielen lernen Kinder, unterschiedliche Gerüche zu erkennen. Haushaltsmaterialien, die wir kreativ als Spielzeug umnutzen, ergeben interessante Lernmaterialien mit unterschiedlichen Formen, Funktionen und Dimensionen. Mit Bauklötzen konstruieren Kinder selbst räumliche Dimensionen, wie z. B. hoch und tief, breit und schmal. Sie lieben alles, was mit „hoch und tief", „gerade und schief" zu tun hat. Sie bauen Höhlen, um einen Raum zu begrenzen, kriechen durch Tunnel, um zu erfahren, wie sich ein enger, langer Raum anfühlt, springen von Treppenstufen und laufen mit Vorliebe schiefe Ebenen hinab!

Unsere Kinder wollen sich selbst und die sie umgebenden Räume und Gegenstände erfahren, um in ihrem Inneren ein Bild bzw. Abbild unserer Welt zu schaffen. Dass sie diese Fähigkeiten täglich trainieren, ist für uns oft anstrengend. Wir müssen ihnen auf „Schritt und Tritt" folgen, da sie einen ungebrochenen Forscherdrang entwickeln, aber Gefahren noch nicht vorhersehen können.

A Kinderlieder – musikalische Helfer für die räumliche Wahrnehmung

Hoch am Himmel, tief auf Erden   überliefert

Hoch am Himmel, tief auf Erden,
überall ist Sonnenschein.
Wenn ich nicht die/der ... wäre,
wär ich gern ein ... (z. B. Vögelein).

Das ist gerade – das ist schief   Text und Musik: trad.

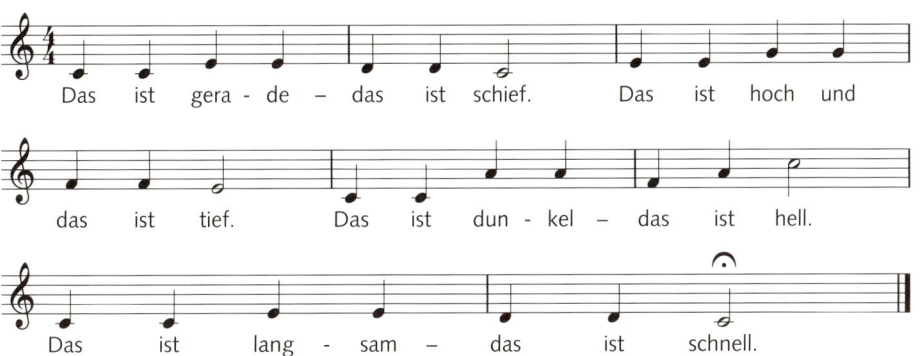

B Spiele zur Bildung des Raumsinns

Bei unseren Kleinsten drehen sich die ersten Raumerfahrungen um die grundlegenden Raumdimensionen: Was heißt „oben", was „unten", was ist „drinnen" und was „draußen"?

Wir können gerade durch einen Raum laufen oder diagonal. Wenn wir einen rechteckigen Raum der Länge nach durchqueren, dauert es länger als in der Breite. Räume sind unterschiedlich hoch: Wenn wir in unserer Wohnung an die Decke schauen, ist das anders, als wenn wir dies in einem hohen Treppenhaus oder in einer Kirche tun. In einem Zimmer können wir unterschiedliche Positionen einnehmen: auf dem Tisch sitzen oder unter einem Tisch; neben einem Schrank stehen oder vor einem Schrank, an der Türe stehen oder in der Ecke; drinnen sitzen bzw. stehen oder draußen.

Für kleine Kinder mit ihrem sich erst entwickelnden Raumsinn sind diese Unterschiede noch stärker fühlbar als für uns. Sie gewinnen dadurch Orientierung, lernen ihre räumlichen Bewegungen bewusst wahrzunehmen und zu steuern und erhalten auf diese Weise ein umfassendes Bild von räumlichen Beziehungen und Dimensionen (vgl. Bayerischer Bildungs- und Erziehungsplan, 2006, S. 354ff.). Diese Raumerfahrungen bilden übrigens auch die Basis für die ersten mathematischen Erfahrungen unserer Kinder.

Experimentieren mit Räumen und Lagen

Da wir Kinder unter drei Jahren nicht erst zur Bewegung anzuregen brauchen, ist es unsere Aufgabe, ihnen für ihre Raumerfahrungsspiele eine Umgebung zu bieten, in der sie klettern, rutschen, balancieren, laufen, krabbeln und kriechen können. Im Folgenden eine kleine Auswahl solcher Spiele:

Schiefe Ebene

Ein Brett, das an einem Ende auf einen Stuhl, einem Sofa oder einem Bett aufgelegt wird, bietet vielfältige Möglichkeiten zum Balancieren auf einer schiefen Ebene, zum Rauf- und Runterkriechen, zum Untendurch- und Obendrübersteigen u.v.a.m.

Höhlenforscher

Ein Kriechtunnel (aus Stoff oder verschieden großen Kisten), in den die Kinder auch ihre Spielsachen mit hineinnehmen können, lässt sie erahnen, wie es sich in einer Höhle lebt. Wenn wir den Kindern noch eine Taschenlampe mitgeben und es draußen schon etwas dämmert, dann wird es in unserer Höhle richtig spannend – besonders, wenn ein Erwachsener am Ausgang auf das Kind wartet!

Schwingen
In Hängematten spüren Kinder ihren Körper besonders gut und können überdies beim Schwingen ihren Gleichgewichtssinn schulen.

Bewegungsparcours
Richtig spannend für unsere Kleinen wird es, wenn wir einen Bewegungsparcours zum Darüberklettern oder Untendurchkriechen aufbauen, mit Stühlen, Kissen, Kisten und was wir sonst noch alles gerade in der Wohnung oder im Haus finden. Dabei kann man den Parcours auch um die Kurve oder von einem Raum in den anderen legen (z. B. vom Zimmer durch die offene Türe in den Flur) – eine Idee, die sich z. B. für den Kindergeburtstag besonders gut eignet! (Weitere Bewegungs-spiele finden Sie im nachfolgenden Kapitel III.5)

Um Räume gut erfassen zu können, müssen Kinder zudem die Möglichkeit haben, alle ihre Sinne entwickeln und schulen zu können. Dazu habe ich die folgenden Spiele und Basteleien für Tast-, Hör-, Geruchs- und Sehsinn gesammelt.

Spiele für den Tastsinn
Kleine Babys lieben es, berührt und gestreichelt zu werden. Das ist verständlich, wenn wir bedenken, dass die Haut unser größtes Sinnesorgan ist. Wir können z. B. auch mit zarten Tüchern über ihre Haut streichen und damit ihr Körpergefühl anregen. Bei größeren Kindern machen wir mit den so genannten „Igelbällen" (d. h. Gummibälle mit Noppen, die auch als Massagebälle eingesetzt werden können) oder Tennisbällen kreisende Bewegungen auf dem Rücken, den Armen und den Beinen.

Auch beim Massieren und Eincremen spüren die Kinder ihren ganzen Körper, und zwar auch dann, wenn sie sich selbst eincremen. Für die Beziehung zwischen Eltern und Kindern ist es schön, wenn die Kleinen auch ihre Eltern „massieren" oder eincremen dürfen (am besten im Bad, denn da darf auch mal was danebengehen)!

Durch das Erfahren des eigenen Körpers, erhalten Kinder ein zunehmend gefestigtes Körperschema, das ihnen auch hilft, sich in Räumen zu orientieren. Ihr eigener Körper steht damit im Mittelpunkt des von ihnen eingenommenen Raumes. Diese Entwicklung fördern unsere Kuschel-, Streichel- und Fingerspiele (siehe die Anregungen in Kap. III.1) ebenso wie die nachstehenden Spiel- und Bastelvorschläge:

Pizzabacken
Bei diesem beliebten Massagespiel dürfen wir eine Pizza frei nach unserem „gusto" backen!

Dazu legen sich die Kinder mit dem Bauch auf eine Decke, und wir backen auf ihrem Rücken:

Zuerst geben wir das Mehl auf ein Backbrett.	*Mit den Hände kreisförmig über den Rücken streichen,*
Ein Ei aufschlagen,	*mit der Faust leicht auf den Rücken klopfen und die Finger langsam ausstrecken,*
Salz darüberstreuen,	*mit den Fingerspitzen leichte Tupfer auf dem Rücken machen,*
Milch dazugießen.	*mit den Händen auf dem Rücken langsam von oben nach unten streichen,*
Dann den Teig fest kneten,	*den Rücken fest „durchkneten",*
ausrollen,	*von der Mitte aus den Rücken mit beiden Händen ausstreichen,*
mit Tomaten, Erbsen, Schinken, Gewürzen, Käse usw. belegen.	*mit den Fingerspitzen oder Handflächen unterschiedliche, zum Text passende Bewegungen auf dem Rücken ausführen,*
Und zum Schluss die Pizza in den Ofen schieben – fertig!	*an den Fußsohlen anschieben oder die Decke mit dem Kind ein Stück nach vorne ziehen.*

Natürlich können wir bei diesem Spiel auch andere Speisen „backen", wie z. B. einen Apfelstrudel, der dann auch noch gerollt wird, bevor er in den Ofen kommt! Weitere Massagespiele finden Sie übrigens in Kap. III.8.

Tastbilderbuch

Material:
- feste Pappe
- unterschiedliche Materialien zum Betasten, z. B. Fell, Stoff oder Schleifpapier
- Schere
- Klebstoff
- kleine Eisenringe oder Schnur bzw. Geschenkband

Zunächst die Pappe in gleich große, quadratische Stücke (ca. 15 x 15 cm) schneiden. Dann auf jede Pappe eines der Tastmaterialien aufkleben. Dabei ist es wichtig, Materialien zu wählen, die gegensätzliche Eigenschaften aufweisen, wie z. B. hart oder weich, rau oder glatt usw. Die Materialien sollten die Pappe nicht ganz bedecken, damit sie sich vom Untergrund abheben. Zum Schluss die Pappblätter

lochen und mit kleinen Eisenringen oder einer Schnur bzw. einem Geschenkband zu einem Buch binden.

Tastmemo-Spiel

Wie in der eben erläuterten Bastelanleitung (Tastbilderbuch) Tastkärtchen mit unterschiedlichen Materialien herstellen, aber diesmal von jeder Sorte zwei Stück – und schon kann das Memo-Spiel beginnen. Tipp: Bei den etwas älteren oder geübteren Kindern klappt das auch mit verbundenen Augen!

Tastkarten

Material:

- mehrere, gleich große Kärtchen aus festem Karton oder Bierdeckel
- ein Material, das sich gut tasten lässt, z. B. Sandpapier
- Schere
- Klebstoff

Aus dem Sandpapier verschiedene Formen, z. B. einen Kreis, ein Dreieck, einen dicken Streifen (gerade oder diagonal) oder mehrere Kreise ausschneiden und diese auf die Kärtchen oder Bierdeckel kleben – fertig! Nun können die Kinder die Formen zunächst mit offenen Augen fühlen, und dann, je nach Alter, mit geschlossenen Augen, und dabei erraten, um welche Form es sich jeweils handelt.

Überraschungs-Tastkiste

Material:

- Schuhkarton
- Schere
- verschiedene Materialien

In einen Schuhkarton ein Loch schneiden, in das eine Kinderhand passt. Dann den Karton mit unterschiedlichen Gegenständen und Materialien füllen und diese von den Kindern befühlen lassen.

Tast-Kimspiel

Zunächst werden in einem Korb verschiedene Gegenstände abgelegt und mit einem Tuch zugedeckt. Dabei empfiehlt es sich, anfangs nur zwei bis drei Gegenstände zu wählen, die das Kind gut kennt, z. B. einen Löffel, einen Schnuller, einen Bauklotz usw.

Dann kommt es darauf an, die Gegenstände unter dem Tuch zu befühlen, zu erraten und dann herauszunehmen. Beim nächsten Durchgang wird ein Gegenstand weggelassen. Welcher ist es?

Taststraßen

Taststraßen können wir ganz einfach herstellen, indem wir unterschiedliche Materialien aneinanderlegen und damit im Zimmer eine Art Parcours bauen. Dazu eignet sich eine Vielzahl von Dingen, z. B. ein Stück Pappe, ein Stück Sandpapier, ein Fell, eine Plastikdämmverpackung (mit Noppen), ein Brett, ein dicker Stoff oder alter Pullover, ein Handtuch u.v.a.m.

Dann laufen die Kinder und wir Erwachsene zuerst mit Hausschuhen oder Socken und dann natürlich auch barfuß über den Parcours. Und als besondere Variante erspüren wir die Straße schließlich auch „blind". Dabei lassen wir uns mit geschlossenen oder verbundenen Augen zunächst vom Kind führen, und dann leiten wir umgekehrt das Kind über die Taststraße.

Besonders spannend und anregend ist es freilich, solche Taststraßen im Sommer draußen in der Natur mit Naturmaterialien anzulegen (siehe dazu Kap. III.6)!

Tastwand

Material:
- eine große, dünne Holzplatte oder stabiler Karton
- Materialien von unterschiedlicher Beschaffenheit (Sandpapier, Watte, Plastikverpackung mit Noppen, Leder, Stoffe, Wollreste etc.)
- Kleber
- Nägel und Hammer bzw. Reißzwecken oder Klebstreifen

Auf einer freien Wandfläche in unserer Wohnung bzw. in der Kindertagesstätte – z. B. im Flur, im Treppenhaus oder im Kinderzimmer/Gruppenzimmer – können wir eine wunderschöne Tastwand gestalten.

Dazu kleben wir zunächst unterschiedliche Materialien (siehe oben) auf eine große, dünne Holzplatte oder einen stabilen Karton. Dann befestigen wir unser Kunstwerk mit Nägel und Hammer bzw. Reißzwecken oder Klebstreifen an der Wand. Nun können Groß und Klein die Materialien mit offenen oder mit geschlossenen Augen fühlen, anschauen oder erraten. Vielleicht entdeckt jemand dabei ein „Lieblingsfühlmaterial"?

Wenn wir die Tastwand aus 3 x 3 gleich großen Flächen, z. B. in der Größe von Teppichfliesen, gestalten, dann entsteht ein quadratisches, ästhetisch ansprechendes Kunstwerk, das sicher nicht nur die Kinder gerne befühlen!

Spiele für den Hörsinn

Zur Schulung des Hörsinns eignen sich bestens die unterschiedlichen Hör- und Rhythmusspiele (z. B. mit Glöckchen und Rasseln), die in Kap. III.2 vorgestellt wurden.

Spiele für den Geruchssinn

Räume riechen

Die Ausbildung unseres Geruchssinns unterstützen wir mit allem, was wir ihm zum Riechen anbieten. Wir können unsere dahingehenden Fähigkeiten z. B. auch in unseren Wohnräumen sensibilisieren: Wie riecht es in der Küche, wie im Badezimmer usw.? Lassen wir uns überraschen, welche unterschiedlichen Gerüche die Kinder hier entdecken!

Riechsäckchen und Riechdöschen

Gute Anregungen für den Geruchssinn sind auch die kleinen Lavendelsäckchen, die man entweder kaufen oder auch selbst machen kann. Weitere Duftstoffe, die man auf diese Weise präsentieren kann, sind z. B. getrocknete Orangenschalen, Nelken u.v.a.m. Diese Materialien einfach in ein Stück Stoff (ca. 10 x 10 cm) einwickeln, oben zubinden und an beliebiger Stelle aufhängen. Hierfür eignet sich alles, was zwar intensiv, aber nicht „stechend" riecht.

Wir können die Materialien zum Riechen aber auch in kleine verschließbare Filmdöschen oder Ähnliches legen und die Kinder daran schnuppern lassen.

Die Welt der Düfte

Als Riechübung werden hier einige Tropfen Duftöl auf einen Wattebausch oder in eine Duftlampe gegeben. Erfahrungsgemäß haben Kinder hier ganz bestimmte Favoriten, z. B. Orangendüfte! Dabei gibt es Düfte, die eher erfrischen und beleben, und Düfte, die eher beruhigen – probieren Sie es aus!

Düfte umgeben uns

Überall in unserem Alltag umgibt uns eine Fülle unterschiedlichster Düfte: Wie riechen z. B. unsere Lebensmittel, etwa Orange, Zitrone oder Nelken? Wie riechen unsere Cremes, Seifen und Shampoos, Rasierschaum oder Parfüms? Es gibt viele Düfte, die wir hier entdecken können, wohlriechende, aber auch weniger wohlriechende. Auch Kinder haben ein „feines Näschen"! Unser Riechorgan bestimmt ja auch oft darüber, ob wir mit jemanden in Kontakt treten oder nicht: Wir können jemanden „gut riechen" oder „nicht riechen", wie der Volksmund sagt.

Spiele für den Sehsinn

Kinder sind von Natur aus neugierig und kreativ. Sie lieben es daher, auch mit Farben auszuprobieren, was möglich ist, und schöpferisch mit ihnen umzugehen. Am Anfang matschen sie gerne mit unterschiedlichen klebrigen und flüssigen Materialien, die sie auch fühlen und miteinander vermischen können.

Malen mit Kleinkindern ist keine zielgerichtete Aktion, d. h., es muss kein bestimmtes Bild entstehen. Das Augenmerk liegt vielmehr im Prozess des Malens selbst und der taktilen Sinneswahrnehmung, die dabei stattfindet. Wenn wir Kinder beim Malen beobachten, sehen wir, dass sie ganz in dieser Tätigkeit „versinken" – und manchmal auch ganz buchstäblich in den Fingerfarben!

Während im ersten Lebensjahr noch „Farbschmierereien" im Vordergrund stehen, versuchen Kinder im zweiten Lebensjahr bereits, mit ihren Kritzelbildern das Schreiben und Zeichnen der Erwachsenen nachzuahmen. Im dritten Lebensjahr werden sich unsere kleinen Künstler dann zunehmend ihrer eigenen Person und ihrer Umwelt bewusst, die Formen und Bilder, die sie produzieren, verändern sich, und sie geben ihre Kreationen jetzt auch immer öfter Namen.

Ganz falsch wäre es, das „richtige" Malen bei Kleinkindern bewusst trainieren oder üben zu wollen, denn damit unterdrücken wir deren ureigene Kreativität, den Prozess des Schöpferischen. Die von den Kindern gemalten Bilder sind Ausdruck ihrer „inneren Welt" und ihrer Gefühle, und damit ein Spiegel ihrer Seele. Es ist wichtig, dass wir respektvoll mit ihren Werken umgehen, d. h. nicht hineinmalen oder etwas verändern. Wir können zwar nachfragen, was das Kind mit seinem Bild meint, was es damit ausdrücken will, wir sollten sein Werk aber nicht interpretieren, kritisieren oder – noch schlimmer – selber verändern!

Mit Farben und Papier können wir viele schöne Erlebnisse anregen. Ausgerüstet mit Malkittel und Wachstuchtischdecke erschaffen wir mit unseren Kindern unsere ganz individuellen Werke. Sicher erinnern wir uns bei einigen Farbspielen auch daran, wie wir in unserer eigenen Kindheit gemalt haben, und können vielleicht die Lust am kreativen Gestalten, die wir damals besaßen, wieder aufleben lassen!

Malen mit Fingerfarben

Mit Fingerfarben können wir mit nur einem Finger oder mit der ganzen Hand zu einer kleinen Fingerfarbenkünstlerin oder zum Fingerfarbenmaler werden. Manche Kinder – insbesondere, wenn sie „Matschen" nicht gewöhnt sind – müssen sich erst an die Farbe am Finger oder an der Hand gewöhnen. Aber wenn sie sich einmal damit vertraut gemacht haben, dann sind sie nicht mehr zu bremsen! Die erste Malweise von Kleinkindern wird auch als „Spurenschmieren" bezeichnet. Sie wollen mit Farbe auf einem weißen, leeren Blatt Spuren hinterlassen – ein eindrucksvolles Erlebnis für die Kleinsten! Die Lust an der Bewegung der Hand und deren Wirkung steht hier

im Vordergrund. Sie erkunden den „Papier"-Raum damit nicht nur, indem sie die Farben sehen, sondern durch ihr Tasten und in der Bewegung.

Je kleiner die Kinder sind, desto größer sollte man das Papierformat wählen (auch Packpapier ist hier geeignet). Benutzen Sie einen Raum, der für einen bestimmten Zeitraum als „Fingerfarbenatelier" genutzt werden kann oder verlagern sie diese Aktion auf die Terrasse, den Balkon (das spart Nerven!) oder besuchen Sie eine Eltern-Kind-Gruppe, in der die räumlichen Möglichkeiten für solche Aktivitäten gegeben sind.

Spiegelklecksbilder
Dazu wird ein Blatt Papier zunächst in der Mitte gefaltet. Dann bemalt man eine Hälfte mit Fingerfarben, drückt die andere Hälfte fest darauf und öffnet das Papier wieder. So entsteht ein interessantes Spiegelklecksbild.

Murmelstraßenbilder

> **Material:**
> - Deckel eines Schuhkartons
> - Murmeln
> - Fingerfarbe

In den Deckel eines Schuhkartons dick Farbe tropfen und die Murmeln darin hin- und herrollen lassen. Das Murmelrollen macht mindestens so viel Spaß wie das Ergebnis spannend ist!

Kleisterbilder
Die ganze Hand in den angerührten Kleister tauchen und damit auf dem Papier verschiedene Bewegungen vollführen. Dann ein paar Tropfen Fingerfarbe auf das Blatt träufeln und mit einem Kamm oder einer Gabel nach Belieben Muster ziehen.

Pustebilder
Wir lassen ein paar Tropfen Farbe (am besten Wasserfarbe) auf das Papier tropfen und pusten es entweder mit einem dicken Strohhalm oder mit dem Mund in alle Richtungen – dabei einsteht ein interessantes Wegenetz!

Zauberbilder
Hier zaubern Kinder auf ganz einfache Weise aus dem Nichts Bilder: Flache Gegenstände unter das Papier legen (z. B. eine Geldmünze oder ein Blatt mit der Äderung nach oben) und mit Wachsmalstiften über das Papier reiben.

Leuchtbilder

Material:

- 1/4 l lauwarmes Wasser
- 5 TL Zucker
- bunte Kreide
- ein Marmeladenglas mit dichtem Deckel
- Teller oder Schalen
- Papier

Bilder, die mit dieser „Zuckerkreide" gemalt sind, haben leuchtende Farben und sind länger haltbar. Zur Herstellung der „Zuckerkreide" den Zucker im lauwarmen Wasser auflösen und die Kreidestücke hineinlegen. Die Kreidestücke müssen so lange in dem Zuckerwasser bleiben, bis sie sich voll Wasser gesogen haben und zu Boden sinken (ca. 10 Minuten). Dann die nasse Kreide auf die Teller oder Schalen legen, und los geht's!

Achtung: Die Kreide muss nach dem Verwenden gut getrocknet werden, z. B. indem wir sie auf Küchenrollenpapier auf die Heizung legen. Im trockenen Zustand, in einem leeren Marmeladenglas aufbewahrt, wird sie auch nicht schimmelig! Man kann diese Kreide dann immer wieder verwenden, indem man sie erneut mit Zuckerwasser ansetzt und nach Gebrauch wieder trocknet.

Tipp: Mit weißer „Zuckerkreide" auf dunklem Papier (z. B. Tonpapier) entstehen wunderschöne Winterbilder!

Farbengeheimnis

Als Erstes malen wir mit Wachsmalstiften in verschiedenen Farben mehrere Lagen übereinander. Abschließend überdecken wir das ganze Bild mit schwarzer Wachsmalkreide. Dann ritzen wir mit einer Gabel oder einem Kratzer kreuz und quer über das Bild und lassen uns überraschen, welche Farben wieder sichtbar werden – eine Maltechnik, von der alle Kinder – kleine und größere – begeistert sind!

Druckkunst

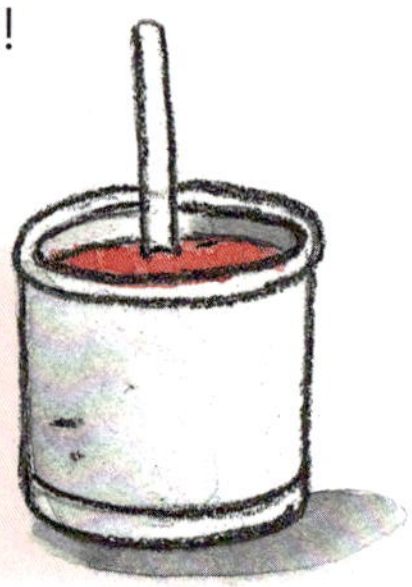

Material:

- mehrere Korken
- Farbe
- Papier

Hier wird mit in Farbe getauchten Korken Papier bedruckt; zuerst mit einer Farbe, später mit mehreren. Auf diese Weise können die Kinder schon ein eigenes Geschenkpapier für einen Kindergeburtstag oder für Oma oder Opa herstellen!

Farbenlied

Mit dem bekannten Kinderlied „Grün, grün, grün sind alle meine Kleider" (siehe Kap. III.3), das mit allen Farben abgewandelt werden kann, lernen die Kinder die Farbpalette spielerisch kennen!

Papierspielereien

Papier ist nicht nur zum Schreiben oder Lesen für Erwachsene da! Was können wir mit Papier alles machen? Wir können es reißen, knüllen, in die Luft werfen, kleben und noch vieles mehr.

Mit Papierspielereien schulen Kinder nicht nur Sehen und Fühlen, sondern auch Koordination und Feinmotorik. Durch Reißen und Knüllen erhöhen sie ihre Finger-fertigkeit. Papierreißen ist für kleine Kinder am Anfang nicht leicht, da Daumen und Zeigefinger das Papier in der richtigen Zangenhaltung halten und reißen müssen.

Schnipselwerke

Wir zerreißen buntes Papier (z. B. Seidenpapier oder dünnes Geschenkpapier) in Schnipsel.

Mit den Schnipseln füllen wir Gefäße, lassen „Schneeflocken" schneien oder kleben die Schnipsel auf ein Papier und stellen so ein „Schnipselbild" her.

Papierkügelchenbild

Wir knüllen die Schnipsel, kleben sie auf ein Papier und bekommen ein dreidimen-sionales Bild. Wenn wir vorher eine Form daraufmalen (z. B. ein Haus) können wir dieses Haus mit den Schnipselkügelchen auffüllen – „bauen". Mit verschieden farbigem Papier wird unser Bild noch schöner!

Kleber, selbst gemacht

Zum Kleben können wir Kleister benutzen oder uns einen „Bio-Leim" selber her-stellen, den aus früheren Generationen bekannten „Mehlpapp".

Das brauchen wir:

- 100 g Mehl
- 300 ml Wasser
- 1 TL Salz

So wird's gemacht:
Alles zusammen ca. 5 Minuten aufkochen lassen.
Dabei gut umrühren, es brennt leicht an!
In ein Schraubglas gefüllt, hält unser Kleber im Kühlschrank ca. 14 Tage.
Die einfache Variante:
Eine halbe Tasse Wasser und eine halbe Tasse Mehl durchrühren – fertig!

Dreidimensional statt eindimensional – wir modellieren!

Beim Modellieren erschaffen Kinder selbst räumliche Gebilde. Kneten ist eine Spiel-„art", die ganzheitliches Lernen besonders gut fördert! Wir fühlen, sehen und arbeiten beim Kneten sowohl mit der rechten als auch mit der linken Hand (d.h., beide Hirnhälften werden aktiviert), entwickeln dabei Fantasie und Kreativität. Auch hierbei können wir beobachten, wie konzentriert sich Kinder dem Material widmen. Durch das Modellieren erreichen wir tiefere Schichten unserer Persönlichkeit, wir formen und erschaffen mit unseren Händen aus einem einfachen Klumpen Teig, Knete oder Ton etwas ganz Neues, werden zu Schöpferinnen und Schöpfer eines eigenen Werks. Viele Kinder behalten den Spaß am Modellieren über viele Jahre hinweg, er kann später auch ins Töpfern, Schnitzen oder Bildhauen (z. B. mit dem gut bearbeitbaren Speckstein) übergehen.

Wie beim Malen, so ist auch hier der Respekt vor dem kindlichen Werk oberstes Gebot. Wenn wir eingreifen, indem wir z. B. die Schöpfungen unserer Kinder nach unseren Vorstellungen „verschönern", dann verlieren Kinder schnell das Interesse am gestalterischen Tun.

Modelliermasse I – selbst gemacht

Material:
- 500 g Mehl
- 250 g Salz
- ca. 250 ml kaltes Wasser
- evtl. Lebensmittelfarbe

Zum Modellieren können wir handelsübliche Knetmasse nehmen, die in jedem Bastelgeschäft erhältlich ist. Sie hat jedoch den Nachteil, dass die Mengen meist sehr klein sind. Wenn wir die Knetmasse dagegen selbst herstellen, ist sie nicht nur kostengünstiger, sondern wir können auch größere Menge davon produzieren. So wird's gemacht:

Das Salz gut mit dem Mehl vermengen, kaltes Wasser dazugeben, alles verrühren und gut durchkneten. Keine Gefahr für Naschkatzen: Durch das Salz schmeckt den Kindern der Teig nicht! Wenn wir noch Lebensmittelfarbe hinzugeben, erhalten wir eine farbige Knetmasse.

Mit unserer selbst gemachten Knetmasse können die Kinder nach Herzenslust herumprobieren. Sie können sie zerpflücken, Kugeln daraus formen, Würstchen drehen, diese wieder platt machen u.v.a.m.

Modelliermasse II – selbst gemacht

Material:

- 400 g Mehl
- 200 g Salz
- 50 g Alaunpulver (aus der Apotheke)
- ca. 250 ml kochendes Wasser
- 3 El Öl
- Lebensmittelfarbe

Um unsere selbst gemachte Knete geschmeidiger zu halten, können wir auch diese etwas kompliziertere Rezeptur ausprobieren: Mehl, Salz und Alaunpulver werden in einer Schüssel trocken vermengt. Dann bringt man Wasser zum Kochen und rührt Öl und Lebensmittelfarbe hinein. Dieser Sud wird nun in das Mehl-Salz-Alaun-Gemisch eingerührt, bis es lauwarm ist. Anschließend kann mit den Händen weitergeknetet werden. Im Kühlschrank in einer Plastiktüte oder einer Plastikdose aufbewahrt, können die Kinder lange mit dieser Modelliermasse spielen.

💎 Schätze für uns Erwachsene ...

Wenn wir mit unseren Kindern Spiele mit allen Sinnen erleben, dann erfinden wir zugleich auch unsere eigenen Sinne neu. Unser Leben als Erwachsene ist, wie bereits erwähnt, vorrangig von Eindrücken des Seh- und Hörsinns geprägt. Beim Malen, beim Umgehen mit verschiedenen Materialien ebenso wie bei den Riech-, Tast- und Raum-Lage-Spielen regen wir nicht nur unsere Fantasie und Kreativität an, sondern nehmen Räume, Flächen und Dimensionen wieder neu wahr – all dies kann uns gelingen, wenn wir uns mit unseren Kindern gemeinsam auf den Weg begeben!

5. In Bewegung kommen
Spiele zur Bildung der körperlich-kinästhetischen Intelligenz (Bewegungsintelligenz)

„Ein gesunder Geist wohnt in einem gesunden Körper."
lat.: mens sana in corpore sano

Für uns Erwachsene bedeutet körperlich-kinästhetische Intelligenz die Fähigkeit zu einer außergewöhnlichen Beherrschung, Kontrolle und Koordination des Körpers oder einzelner Körperteile. Vor allem für Sportler, Schauspieler, Tänzer, aber auch Chirurgen hat dieser Bereich besondere Bedeutung (Gardner, 2005, 191ff.).

Bereits für unsere Kinder ist diese Bewegungsintelligenz ein zentraler Entwicklungsbaustein: „Kinder sind Kinder und Kinder wollen rennen, klettern, springen und toben. Sie wollen dies vor allem, weil es ihnen Freude und Spaß macht, sie brauchen es aber auch, weil sie nur über Bewegungstätigkeiten ihre Umwelt und sich selbst kennenlernen können", stellt die Erziehungswissenschaftlerin und Sportpädagogin Renate Zimmer fest (Zimmer, 2002, S. 8).

Wenn Kinder ihre ersten Schritte als „Zweibeiner" machen, dann ist dies, so die Neurologin Lise Eliot, „ein Augenblick größter Tragweite im Leben z. B. eines 14-monatigen Kindes und seiner Eltern" (Eliot, 2001, S. 374ff.). Für das Kind eröffnen sich jetzt ungeahnte Möglichkeiten zur Erforschung seiner Welt. Mit der selbstständigen Fortbewegung, dem Krabbeln und Laufen, folgt ein regelrechter Entwicklungsschub, sowohl hinsichtlich der Denkfähigkeit als auch hinsichtlich der Beziehungen zu anderen Kindern.

Für jede Bewegung sind in unserem Gehirn komplizierte neuronale Abläufe nötig. Daher dauert die Phase der Verschaltung und Feinabstimmung für die verschiedenen Bewegungsabläufe die gesamte Kindheit hindurch.

(Fort-)Schritte durch Bewegung
Bewegung braucht Übung, und Übung macht auch hier den Meister (oder die Meisterin). Unsere Kinder wollen üben. Sie trainieren ihre neu erworbene Fortbewegungsfähigkeit unaufhörlich, und sie brauchen ausreichend Zeit dafür. Greifen wir der natürlichen Entwicklung der Bewegungsfähigkeit durch ein verfrühtes Training vor, dann behindern wir ihre Fortschritte, weil dabei entweder die falschen Nervenbahnen trainiert werden oder die Kinder – vom Misserfolg frustriert – die Lust an der Bewegung verlieren. Deshalb führen Hilfsmittel wie z. B. Lauflernstühle nicht zum gewünschten Erfolg: Um seine Umwelt zu erkunden, muss ein Kind sich im Lauflernstuhl nicht anstrengen. Es kann seinen Gleichgewichtssinn nicht trainieren und entwickelt ihn dadurch langsamer. Auch der Blick auf die eigenen Füße, der vor allem für die ersten Schritte notwendig ist, bleibt ihm verwehrt. Im

Endeffekt lernen diese Kinder das Laufen später als andere, die keine „Gehhilfen" benutzt haben.

Die meisten Kinder beginnen zwischen dem neunten und dem 15. Monat zu laufen. Der Zeitpunkt des Laufenlernens hat allerdings nichts mit der späteren Intelligenzentwicklung zu tun, wie viele Eltern fälschlicherweise annehmen. Statistische Durchschnittswerte bedeuten hier lediglich, dass etwa die Hälfte der Kinder diese Entwicklung vor dieser Zeit durchläuft, die andere Hälfte danach.

Interessant ist jedoch, dass gesunde Babys dieselbe motorische Entwicklung in allen Kulturkreisen ungefähr zur gleichen Zeit vollziehen. Hirnforscher gehen deshalb von einem genetisch angelegten Entwicklungsprogramm aus.

Wichtig ist, dass wir für das natürliche Bewegungsbedürfnis unserer Kinder Gelegenheiten schaffen und für eine sichere Umgebung sorgen, die sie ohne Einschränkung erforschen können. Kinder lieben von Geburt an Bewegung, wie z. B. das Wippen, Wiegen, Springen, Herumgetragenwerden u.v.a.m. Die schon etwas Älteren lassen sich gerne in die Luft werfen, drehen sich und schwingen mit Freude. Dafür ist eine Art „sechster Sinn" verantwortlich, der für die Wahrnehmung des Gleichgewichts und des Körpers im Raum zuständig ist. Diesen „Bewegungssinn" besitzen wir von Geburt an.

Bewegung macht schlau!

Für Maria Montessori ist die Ausbildung der Bewegungsfähigkeit ein zentraler Bestandteil in der gesamten Persönlichkeitsentwicklung des Kindes: „Die Bewegungen, die das Kind erlernt, formen sich nicht durch Zufall, sondern werden gemäß der jeweiligen besonderen Entwicklungsperiode bestimmt. Wenn das Kind seine ersten Bewegungen macht, hat sein Geist, der in der Lage ist zu absorbieren, sich bereits seine Umwelt zueigen gemacht. Mit seinen ersten Bewegungen beginnt es auch, bewusst zu werden" (Montessori, 1994, S. 51ff.).

Und in der Tat sind die Bewegungserfahrungen auch für die gesamte Hirnentwicklung von entscheidender Bedeutung.

Mithilfe seiner Hände untersucht bereits das Kleinkind Dinge, die sich in sein Bewusstsein einprägen, es be-„greift" sozusagen seine Umwelt mit der neu erworbenen Bewegungsmöglichkeit „auf Schritt und Tritt". Die Hände sind daher für Montessori das Werkzeug der Intelligenz.

Dass eine Einschränkung der körperlichen Bewegungsfähigkeit demzufolge meist auch eine Verengung der geistigen Beweglichkeit zur Folge hat, betont auch Renate Zimmer. Zudem ist es erwiesen, dass Kinder nur zu Ruhe und Konzentration – also den Grundbedingungen des Lernens – finden können, wenn sie ausreichend Bewegungsmöglichkeiten haben (Zimmer, 2002, S. 14). Wie eng Bewegungsfähigkeit und Gehirnentwicklung zusammenhängen, das haben Hirnforscher bei Versuchen mit Käfigtieren festgestellt: Diejenigen Tiere, die wenig Bewegungsmöglichkeiten hatten, entwickelten kleinere, weniger ausgebildete Hirnregionen als diejenigen mit viel Platz und Gelegenheit zum Rennen und Spielen.

Auch der Erziehungswissenschaftler Gerd Schäfer betont: „Bewegung ist die elementare Form des Denkens" (Schäfer, 2003, S. 144). Bewegungserfahrungen sind die Basis für das Bild, das die Kinder von sich und der Welt entwickeln. Kinder nehmen ja die Welt nicht – wie die meisten Erwachsenen – über das Denken und Vorstellen auf, sondern vor allem über ihre Sinne, ihre Bewegungen und ihren Körper. Sie brauchen diese Erfahrungen also „aus erster Hand". Wenn Computer und Fernseher zu den wichtigsten Spielpartnern werden, dann verkümmern diese Fähigkeiten zur Bewegung und letztendlich zur Weltaneignung immer mehr, so Renate Zimmer. Bewegung ist nach ihrer Erfahrung insbesondere bei jüngeren Kindern ein Motor für deren Entwicklung und ein Initiator von Lernprozessen, und gerade in den ersten Lebensjahren ist die Lernfähigkeit eines Kindes so groß wie in keiner anderen Lebensphase!

> „Kinder wollen sich bewegen, Kindern macht Bewegung Spaß,
> weil sie so die Welt erleben, Menschen, Tiere, Blumen, Gras."
>
> *(aus: „Bewegung" von Karin Schaffner)*

Bewegung – Grundlage einer ganzheitlichen Persönlichkeitsentwicklung

Kinder machen ihre Bewegungserfahrungen, indem sie sich eigene Herausforderungen schaffen: Wie hoch kann ich Kisten stapeln, aus welcher Höhe kann ich ohne Angst herunterspringen? Wie komme ich auf einen Stuhl, ohne dass er kippt? Wann lasse ich beim Klettern die Hand von Vater oder Mutter los?

Bewegung regt Kinder an, Geschichten zu erfinden und die Fantasie spielen zu lassen und fördert darüber hinaus ihr sprachliches Denken. Über die Bewegung lernen sie Ängstlichkeit und Mut kennen, erfahren das Festhalten und das Loslassen.

Körper, Geist und Seele leben von der Bewegung, betont der Sportwissenschaftler Dieter Breithecker. Nur mit Bewegung können sich unsere Kinder ganzheitlich entwickeln. Aus „bewegten" Kindern aber, so folgert Breithecker, werden „schlaue Köpfe". Kinder müssen Wagnisse eingehen, etwas riskieren und sich schmutzig machen dürfen. Nur so können sich Risikokompetenz, Selbstsicherheit und Selbstvertrauen entwickeln (Breithecker, 2006, S. 56ff.).

Es sind ganz bestimmte Bewegungen, wie z. B. das Balancieren, die Kinder für die Ausdifferenzierung ihrer hirnphysiologischen Entwicklung brauchen. Kinder haben daher einen natürlichen Drang zu allen Bewegungen, mit denen sie ihren Gleichgewichtssinn schulen können.

Auch für Maria Montessori ist Bewegung ein Fundamentalprinzip ihrer Pädagogik: „Das Kind inkarniert seinen Geist durch das Tun, der Geist ordnet sich die Bewegung zu und wird in der rechten Umgebung der Möglichkeiten leiblicher und geistiger Bewegungen inne" (Montessori, 1994, S. 32).

Durch Bewegung versorgen wir unsere Zellen, und damit auch unsere Gehirnzellen, mit Sauerstoff. Das ist wohl auch der Grund dafür, dass uns manchmal beim Spazierengehen oder Joggen die besten Ideen kommen! Außerdem macht Bewegung glücklich! Bei bestimmten Ausdauerbelastungen werden Endorphine (die so genannten „Glückshormone") freigesetzt, die dafür verantwortlich sind, dass wir uns nach ausgiebigem Sport oft so gut und ausgeglichen fühlen.

Wer Kinder beim Schwingen, Schaukeln und Balancieren beobachtet, der kann ihre Freude und ihren Spaß an der Bewegung sehen und hören. Und was Spaß macht, machen sie – wie auch wir – immer wieder. Dadurch wiederum fördern sie die Anlage von neuronalen Verschaltungen im Gehirn. So einfach also machen sich unsere Kinder schlau! Kinder mit ausgeprägten körperlich-kinästhetischen Fähigkeiten lernen schnell neue Bewegungsabläufe, lieben Rollenspiele und brauchen viel Bewegung. Sie haben nicht nur ein hohes Körperbewusstsein, sondern auch eine ausgeprägte Mimik und Gestik. Sowohl in fein- und grobmotorischen Tätigkeiten (wie Basteln und Werken) als auch in Spiel und Sport sind sie geschickt und erfolgreich.

Mit Bewegung die Welt erobern

Für Renate Zimmer steht fest: „Der Weg in die Selbstständigkeit führt über die Bewegung" (Zimmer, 2002, S. 17ff.). Über ihren Körper und dessen Bewegungsfähigkeit erlangen Kinder Unabhängigkeit von ihren Eltern oder der betreuenden Person. Sie erleben ihren Körper als etwas zu ihnen Gehörendes, das ihnen umso mehr ermöglicht, je mehr sie seine Beherrschung erlernen. Und je mehr sie sich selbstständig bewegen können, umso weniger wollen sie „gegängelt" werden. Ihr Streben nach Unabhängigkeit treibt sie an. „Selber machen!" wird bald zu ihrem Standardausdruck. Dass Freiheit in diesem Alter Bewegungsfreiheit ist, erkennen wir auch daran, dass das „Größerwerden" mit der Erweiterung des Bewegungsradius einhergeht und Hindernisse in den Augen von Kleinkindern offenbar dazu da sind, überwunden zu werden. In diesem Alter haben Kinder noch eine untrügliche Antenne dafür, was Erwachsene ihnen zutrauen und reagieren mit ihrem Bewegungsverhalten auf unsere Zuversicht oder unsere Ängstlichkeit!

Früher wurden Bewegungsspiele wie selbstverständlich von den größeren Kindern an die kleineren weitergegeben. Heute ist dies vielfach nicht mehr der Fall, und deshalb brauchen Kinder Impulse von Erwachsenen und eine bewegungsfreundliche Umgebung. Die folgenden Anregungen sollen unseren Kindern den Raum und die Gelegenheit für abwechslungsreiche Bewegungsspiele in unserer unmittelbaren Umwelt eröffnen:

A Bewegungsspiele für die Kleinsten

Die Babyschaukel

Auch Babys lieben Bewegung. Sie genießen es, wenn wir sie in einem großen Tuch schaukeln, das vorne und hinten jeweils von einem Erwachsenen gehalten wird. Da Babys bereits im Mutterleib bewegt worden sind, stellt dieses Schaukeln für sie ein sinnliches Urerlebnis dar! Zudem entwickeln sie dadurch ihren Gleichgewichtssinn.

Babytanz

Für dieses Bewegungsspiel setzen wir das Baby aufrecht auf unseren linken Arm. Dann nehmen wir mit unserer Rechten seine linke Hand, wie bei einem Tanzpartner, und tanzen mit ihm schwungvoll zu langsamer oder flotter Musik durch das Zimmer. Das Baby lernt auf diese Weise „von klein auf" unterschiedliche Bewegungsrichtungen, Bewegungsmuster und Rhythmen kennen. Aber auch uns tut dieses Tanzvergnügen gut!

Wasserballspiele

Wir legen das Baby oben auf den Wasserball, wiegen es langsam hin und her und rollen es auf dem Ball vor und zurück. Durch die Beschaffenheit des Wasserballs kann unser Baby wunderbar darauf liegen und sich anschmiegen! Am Anfang nehmen wir den Ball am besten zwischen unsere gegrätschten Beine. Wichtig: Zur Sicherheit das Baby am Oberkörper unterhalb der Arme festhalten.

Kniereiterspiele und -lieder

Bewegungsfördernd für die Kleinsten sind auch die von alters her beliebten Kniereiterspiele und -lieder. Eine kleine Auswahl davon ist in Kap. III.1 zu finden.

B Bewegungsspiele für die Größeren

Wir gestalten Bewegungsräume

„Räumt die Stühle raus!" – fordert uns sinngemäß Renate Zimmer auf. Kleine Kinder brauchen nämlich in ihrem Zimmer weder Schreibtisch noch Stuhl, sondern viel Platz zum Bewegen (Zimmer, 2002, S. 12). Bezeichnend ist es auch, dass die Kinderzimmer meistens im kleinsten Raum der Wohnung eingerichtet werden. Als Bewegungsräume können wir aber nicht nur die Zimmer nutzen, sondern – je nach Alter des Kindes – auch Flure, ungenutzte Ecken, Dielen und Treppenhäuser.

Was können wir alles brauchen, um unsere Wohnräume in Bewegungsräume oder „Bewegungsbaustellen" zu verwandeln? Eine weiche Matte oder Matratze, Seile, Schaumstoffelemente, ein Minitrampolin, Bretter, Besenstiele, Stühle, einen

Tisch, Decken, einen Kriechtunnel, einen Fahrradschlauch, Luftballons, kleine und größere Bälle (z. B. einen Wasserball), Putzlappen u.v.a.m.

Springmaus

Wir hüpfen wie die Springmaus alleine oder zu zweit auf Matratzen oder einem Minitrampolin und halten uns eventuell an den Händen. Keine Angst – umkippen tut nicht weh! Wir können ausprobieren, wie hoch wir beim Hüpfen kommen und wie wir zur Musik hüpfen.

Seilschaukel

Seile lassen sich auf vielerlei Art und Weise aufhängen und verwenden. Wir können das Seil z. B. an einem Ende befestigen und uns dann wie ein Faultier daran hängen oder wie ein Äffchen damit schwingen. Wenn beide Enden aufgehängt sind, entsteht eine prima „Affenschaukel"!

Seil-Labyrinth

Wir legen mit einem Seil eine Spirale auf den Boden. Dann können unsere Kleinen auf dem Seil oder in den Zwischenräumen von außen nach innen und wieder zurück gehen. Ganz Kleine nehmen wir an die Hand oder machen es ihnen vor. Zusätzliche Spannung kommt auf, wenn wir an einer Stelle des Labyrinths einen Gegenstand unter einem Tuch verstecken, den die Kinder dann „entdecken" können!

Auf krummen Wegen

Mit zwei im Abstand von ca. 50 cm auf dem Boden ausgelegten Seilen markieren wir eine Straße. Diese kann gerade verlaufen, eine Kurve haben oder sich wie ein Wanderweg durch eine Wiese schlängeln. Man kann auf dieser „Seilstraße" gehen oder krabbeln, mit Autos, dem Bobbycar oder dem Puppenwagen fahren, einen Ball vor sich herkicken, ohne dass dieser von der Straße abkommt u.v.a.m.

Seiltänzer

Ein auf dem Boden ausgelegtes Seil eignet sich auch bestens zum Balancieren. Besonders Mutige versuchen, auch rückwärts zu balancieren oder sich sogar auf dem Seil umzudrehen! Welche Seiltänzerin oder welcher Seiltänzer schafft es am längsten, auf dem Seil zu bleiben?

Kissenturm

Kissen eignen sich nicht nur zur altbewährten Kissenschlacht, sondern auch zum Turmbauen: Wir legen so viele Kissen aufeinander, wie wir es für das jeweilige Alter der Kinder angemessen finden und lassen diese dann von unserem Kissenturm herunterspringen. Allein das Besteigen dieses „Wackelturms" ist schon ein Abenteuer für sich!

Schaumstoffwürfel

Auch Schaumstoffwürfel sind für Bewegungsspiele vielseitig einsetzbar: Man kann damit niedrige oder hohe Türme zum Herunterspringen bauen, ein Brett zwischen zwei Würfel legen und über diese Brücke laufen oder darunter durchkriechen u.v.a.m. Ein Brett, das man auf einer Seite auf den Schaumstoffwürfel und auf der anderen auf den Boden legt, ergibt eine schiefe Ebene zum Hinauf- oder Herabrobben bzw. -krabbeln oder zum Herunterrutschen!

Drunter und drüber – der Stühleparcours

Mehrere hintereinander gestellte Stühle ergeben einen tollen Kriechtunnel, auf den man auch hinaufklettern oder darüberhinweglaufen kann. Wenn man eine Decke über die Stühle legt, wird das „Tunnelgefühl" noch intensiver. Beim Durchkriechen kann auch ein Ball mit durchrollen.

Ein umgelegter Stuhl ergibt ein Häuschen, in das man hinein- und wieder herauskrabbeln kann. Auch hier erhält man mit einer Decke darüber schon eine richtige Höhle.

Wozu Fahrradschläuche gut sind ...

Mit mehreren aufgeblasenen Fahrradschläuchen bauen wir z. B. auf dem Boden Inseln im Meer. Jedes Kind kann sich dann in „seine Insel" setzen (Kinder lieben diese Art von Begrenzungen) und Spielzeug mit hineinnehmen! Es macht aber auch Spaß, von einer „Insel" zur anderen zu hüpfen, Bälle in die Schläuche hineinzuwerfen, durch die Fahrradschläuche hindurchzusteigen usw. Man sollte die Schläuche jedoch vor der ersten Benutzung gut reinigen.

Putzlumpenrallye

Jedes Kind erhält zunächst zwei Putzlumpen. Dann stellen sich alle mit je einem Fuß auf einen Putzlumpen und bewegen sich so auf einem glatten Boden (Parkett, Fließen, Laminat etc.) vorwärts. Hierbei ist es nicht das Wichtigste, der Erste zu sein, sondern einfach Spaß zu haben!

Ballrollen

Zwei oder mehrere Mitspieler sitzen sich mit gegrätschten Beinen gegenüber. Dann lässt man den Ball von einem zum anderen in das „Tor" rollen. Dabei rufen wir den Namen des jeweils anvisierten Spielpartners, also z. B. „Ball, Ball, rolle, rolle zum … Matthias!". Für dieses Spiel eignen sich Bälle aller Größen – je kleiner die Kinder sind, desto größer sollte jedoch der Ball sein.
Ballvariation: Bälle in Kisten, Wannen oder andere Ziele werfen.

Wettlauf mit dem Luftballon

Auch mit aufgeblasenen Luftballons lässt sich wunderbar spielen – einfach den Luftballon immer wieder in die Luft werfen und versuchen, ihn, bevor er auf den Boden fällt, wieder nach oben zu prellen – für kleine Kinder keine leichte, aber lustvolle Herausforderung!

Boxsack für „Leichtgewichte"

Ein an einer Schnur aufgehängter oder von einem Erwachsenen gehaltener Luftballon gibt einen prima Boxsack, auf den die Kinder mit großer Begeisterung einboxen! Und auch schon Babys boxen mit ihren Füßchen gerne gegen solche Luftballons! Um die Ballons vor dem Zerplatzen zu schützen, können wir sie mit einem Stoffsäckchen umhüllen und dann an dessen Tragschlaufen aufhängen.

Wenn man in die Ballons vor dem Aufblasen kleine Gegenstände (ein paar Erbsen, ein Glöckchen o. Ä.) einfüllt, dann machen sie auch noch unterschiedliche Geräusche – wir können damit ein ganzes Ballonorchester bestücken.

Für unsere größeren „Boxer" füllen wir die Leinentaschen mit zerknülltem Papier, binden sie zu und hängen sie an den Schlaufen auf. So kann auch mal die Wut in den Boxsack wandern.

Wackelpudding

In einen Bett- oder Kopfkissenbezug werden viele (nicht zu prall aufgeblasene) Luftballons eingefüllt. Es macht großen Spaß sich auf diesen „Wackelpudding" zu legen oder zu versuchen, darauf zu gehen.

Die Brücke

Ein Erwachsener macht eine Brücke, indem er mit gegrätschten Armen und Beinen den Boden berührt. Dann können die Kinder unten durchkrabbeln, ein Stofftier durchkriechen lassen, einen Ball durchrollen lassen usw. Lustig ist auch ein Rollentausch, bei dem das Kind die Brücke spielt und wir (oder ein anderes Kind) einen Ball durchrollen lassen.

Schubkarre

Erinnert sei hier auch an das seit vielen Generationen beliebte Schubkarrenspiel. Dabei legt sich das Kind zunächst bäuchlings auf den Boden. Dann stellt sich sein Spielpartner hinter es und fasst mit jeder Hand einen Fuß hinter dem Fußknöchel. Nun hebt der „Schubkarrenfahrer" die Füße des liegenden Kindes an, und dieses muss nun versuchen, auf seinen Händen vorwärts zu laufen. Der „Schubkarren" kippt um, sobald das „Rad" (d.h. die Arme des Kindes) keine Kraft mehr haben oder es keine Lust mehr hat – dann kippen wir unseren „Schubkarren" einfach „aus".

Gipfelstürmer

Ein Spiel, das man als Erwachsener mit kleineren Kindern machen kann, die noch kein großes Gewicht haben. Man setzt sich mit ausgestreckten Beinen auf den Boden, wobei sich das Kind auf die Knie des Erwachsenen stellt. Dann zieht man langsam die Knie zum Körper hin, indem man die Beine aufstellt. Dadurch kommt das Kind, das man dabei an den Händen hält, auf dieser „Bergspitze" zu stehen. Oben kann man dann eine Hand oder beide Hände des „Gipfelstürmers" kurz loslassen. Ein „Erdbeben" kann die Bergspitze wackeln oder sogar einstürzen lassen!

Kunterbunte Tierwelt

Hier geht es darum, die Bewegungen der Tiere nachzumachen: Wir schleichen wie die Katzen, stampfen wie die Elefanten, hüpfen wie ein Vögelchen, laufen auf allen Vieren wie ein großer brauner Bär, heben wie ein Hund ein Bein, zappeln wie ein Käfer, der auf dem Rücken liegt, springen wie ein Frosch, watscheln in der Hocke wie die Enten u.v.a.m. Dem Einfallsreichtum sind hier kaum Grenzen gesetzt!

Engelein flieg!

Der Erwachsene geht ein paar Meter voraus. Das Kind läuft auf ihn zu, und wenn es bei ihm ankommt, fasst es der Erwachsene mit dem Ausruf „Engelein flieg" schnell unter die Arme, nutzt den Schwung aus und dreht sich mit dem Kind schnell um die eigene Achse. Eine beliebte Auflockerung bei Spaziergängen und Wanderungen!

Flieger

Wir fassen das Kind mit einer Hand hinter dem rechten (bzw. linken) Fußknöchel und mit der anderen Hand hinter dem rechten (bzw. linken) Handgelenk. Dann drehen wir uns erst langsam und dann immer schneller um die eigene Achse – unser „Flieger" steigt aufgrund der Zentrifugalkraft immer höher! Achtung: Das Kind nie an den Händen oder Füßen festhalten, sondern immer nur hinter den Hand- und Fußgelenken! Solche Fliegerspiele machen draußen am meisten Spaß!

Turnen wie der Gummimann	
Seht den lustigen Gummimann,	*Mit allen Gliedmaßen zappeln,*
wie er sich streckt soweit er kann.	*die Arme so weit hochstrecken, wie es geht, und dann noch auf die Zehenspitzen stellen,*
Hoch die Arme	
und tief das Bein!	*in die Hocke gehen,*
Jetzt entspannen –	*sich auf den Rücken legen,*
und es nochmal sein!	*und wieder auf die Beine springen und mit den Armen und Beinen zappeln.*

C Bewegung mit Spiel- und Tanzliedern

Spiellieder verbinden Musik, Rhythmus und Sprache mit Bewegung. Daher sind sie heute genauso aktuell und wichtig für die Entwicklung unserer Kinder wie schon seit Generationen.

   Hier eine Auswahl der beliebtesten Spiellieder, mit denen wir die Bewegungslust unserer Kinder unterstützen können:

Ringel, Ringel, Reihe

Wir fassen ein oder mehrere Kinder an der Hand und gehen singend im Kreis herum. Bei „husch, husch, husch" gehen wir alle in die Hocke.

Ringel, Ringel Reihe,
sind der Kinder dreie!
Sitzen unterm Holderbusch,
rufen alle „husch, husch, husch!"

Ringel, Ringel, Rosen,
gelbe Aprikosen,
Veilchen blau, Vergissmeinnicht,
alle Kinder setzen sich.

Teddybär, Teddybär dreh' dich um

Text und Musik: trad.

Ted-dy-bär, Ted-dy-bär, dreh' dich um. Ted-dy-bär, Ted-dy-bär,

mach dich krumm. Ted-dy-bär, Ted-dy-bär, zeig dein Bein.

Ted-dy-bär, Ted-dy-bär, mach' dich klein.

Wir nehmen das Kind an beiden Händen oder bilden mit mehreren Kindern einen Kreis. Gemäß dem Liedtext drehen wir uns um, hüpfen auf einem Bein und gehen in die Hocke.

In folgenden bekannten Spielliedern üben Kinder pantomimische Bewegungen ein.

Wer will fleißige Handwerker sehn?

Text: trad.

1. Wer will fleißige Handwerker sehn,
   ei, der muss zu uns hergehn.
   Stein auf Stein, Stein auf Stein,
   das Häuschen wird bald fertig sein.

2. ... Oh wie fein, oh wie fein,
   der Glaser setzt die Scheiben ein.

3. ... Tauchet ein, tauchet ein,
   der Maler streicht die Wände fein.

4. ... Zisch, zisch, zisch,
   poch, poch, poch,
   der Schuster schustert zu das Loch.

5. ... Stich, stich, stich,
   stich, stich, stich,
   der Schneider näht ein Kleid für mich.

6. ... Rühre ein, rühre ein,
   der Kuchen wird bald fertig sein.

7. ... Trapp, trapp, drein,
   trapp, trapp, drein,
   jetzt gehn wir von der Arbeit heim.

8. ... Hopp, hopp, hopp,
   hopp, hopp, hopp,
   jetzt tanzen alle im Galopp.

Tanzlieder lieben auch schon die Kleinen, da Rhythmus und Bewegung hier einem leicht zu erlernenden Schema folgen. Die Kinder werden mit diesen ersten „Tanzübungen" nicht überfordert, sondern bekommen „Lust auf mehr". Kleine Kinder fangen instinktiv an, sich rhythmisch zu bewegen, sich zu drehen und in die Hände zu klatschen, sobald Musik erklingt. Haben Sie noch den Rhythmus im Blut?

Hansl, tanz mit mir   Text und Musik: trad.

1. Han - sl, tanz mit mir, oa - mal hin und oa - mal her, Han - sl, tanz mit mir, dreh di u - ma - dum!

2. Ja, ich tanz mit dir, oamal hin und oamal her,
   kinun, i drah di glei lustig umadum!

Es tanzt ein Bibabutzemann   Text: trad.

Es tanzt ein Bibabutzemann in unser'm Kreis herum, widibum.
Es tanzt ein Bibabutzemann in unser'm Kreis herum.
Er rüttelt sich, er schüttelt sich,
er wirft sein Säcklein hinter sich.
Es tanzt ein Bibabutzemann in unser'm Kreis herum, widibum.

Hier werden pantomimische Bewegungsabläufe mit Tanzschritten kombiniert. Wir gehen, laufen und tanzen im Kreis, unterbrechen ihn gemäß dem Liedtext mit den entsprechenden Bewegungen und tanzen danach wieder weiter.

Brüderchen, komm tanz mit mir
Text: trad.

Brüderchen, komm tanz' mit mir. Beide Hände reich' ich dir.
Einmal hin, einmal her, rundherum, das ist nicht schwer.

Mit den Händen klapp, klapp, klapp, mit den Füßen trapp, trapp, trapp!
Einmal hin, einmal her, rundherum, das ist nicht schwer.

Mit dem Köpfchen nick, nick, nick, mit den Fingern tick, tick, tick!
Einmal hin, einmal her, rundherum, das ist nicht schwer.

Noch einmal das schöne Spiel, weil es mir so gut gefiel.
Einmal hin, einmal her, rundherum, das ist nicht schwer.

Ich bin der kleine Tanzbär
Text und Musik: trad.

Häschen in der Grube
Text: Friedrich Wilhelm August Fröbel

1. Häschen in der Grube, saß und schlief, saß und schlief.
   Armes Häschen bist du krank,
   dass du nicht mehr hüpfen kannst?
   Häschen hüpf, Häschen hüpf, Häschen hüpf.

2. Häschen, vor dem Hunde hüte dich, hüte dich.
   Hat gar einen scharfen Zahn,
   packt damit mein Häschen an.
   Häschen lauf, Häschen lauf, Häschen lauf.

Aram sam sam

Text und Musik: trad.

A - ram sam sam, a - ram sam sam, gul - li gul - li, gul - li,

gul - li, gul - li ram sam sam. A - ra - bi, a -

ra - bi, gul - li gul - li, gul - li, gul - li, gul - li ram sam sam.

Aram sam sam

Aram sam sam, aram sam sam,	*Alle knien auf dem Boden. Bei „Aram sam sam" mit den Händen auf die Oberschenkel klatschen,*
gulli, gulli, gulli, gulli, gulli,	*die Unterarme umeinander kreisen lassen,*
ram sam sam.	*erneut mit den Händen auf die Oberschenkel klatschen und den Kopf senken,*
Arabi, arabi,	*die Handflächen auf den Boden legen und nach vorne verneigen,*
gulli, gulli, gulli, gulli, gulli	*die Unterarme umeinander kreisen lassen,*
ram sam sam.	*wieder mit den Händen auf die Oberschenkel klatschen.*

Auf der grünen Wiese

Text und Musik: trad.

Auf der grü-nen Wie-se, da steht ein Kar-us-sell, das fängt an sich zu
dre-hen erst lang-sam und dann schnell. An-hal-ten
fest-hal-ten! Das Ka-rus-sell geht los. Und al-le Kin-der flie-gen im
Kreis he-rum, al-le Kin-der flie-gen im Kreis he-rum.

Wir nehmen das Kind an beiden Händen und drehen uns im Kreis. Bei „anhal-
ten" bleiben wir stehen, bei „einsteigen" werden Gehbewegungen auf der Stelle
gemacht, bei „festhalten" fassen wir das Kind unter den Achseln, drehen uns bei
„alle Kinder fliegen" mit ihm im Kreis herum und lassen es so fliegen. Bei der Wie-
derholungsstrophe lassen wir das Kind in der anderen Richtung herum-„fliegen".

Bei mehreren anwesenden Erwachsenen und Kindern (z. B. bei einem Kindergeburtstag) machen wir ein Kreisspiel daraus, indem neben jedem Erwachsenen
ein Kind geht, das dann beim Fliegen von zwei Erwachsenen (rechts und links)
unter den Achseln in die Höhe gehoben wird und damit alle Kinder im Kreis he-
rumfliegen.

🔻 Schätze für uns Erwachsene ...

Wenn wir uns mit unseren Kindern bewegen, dann kommen auch wir in Bewegung. Eltern und Betreuungspersonen von kleinen Kindern leiden sicherlich nicht
unter Bewegungsmangel, wenn sie die Gelegenheit nutzen, sich mit ihren Kindern gemeinsam zu bewegen. Zwar handelt es sich dabei nicht um Ausdauersport,
doch regen auch kleine Bewegungen, wie laufen, hüpfen oder sich strecken den
Kreislauf an und lassen uns spontan, gelenkig und mit Freude durch den Tag gehen. Und dass regelmäßige Bewegung nicht nur unserem Körper, sondern auch
unserem Geist und unserer Seele gut tut, das können wir mit den Kindern immer
wieder aufs Neue erfahren.

6. Die Natur er-„spüren"
Spiele zur Bildung der naturalistischen Intelligenz

„Wir sind ein Teil der Erde und sie ist ein Teil von uns.
Die duftenden Blumen sind unsere Schwestern,
die Flüsse sind unsere Brüder."
aus: Rede des Häuptlings Seattle, 1855

Unsere natürliche Umwelt bietet eine Fülle an Reizen und Lernerfahrungen: Im Wald z. B. hören wir Tiere, sehen unterschiedliche Bäume und können deren Rinde fühlen, riechen den modrigen Boden und schmecken – in der entsprechenden Jahreszeit – Waldfrüchte. Wenn wir unseren Kindern die Natur sinnlich und emotional nahebringen, dann legen wir den Grundstein für ihre forschende Neugier, die Voraussetzung für Lust auf Lernen und Wissen. Kinder haben noch einen ursprünglichen Zugang zur Natur: Sie erleben die Pflanzen- und Tierwelt, die Jahreszeiten und das Wetter mit allen Sinnen und haben viele Fragen.

Oft geben sie sich auf diese Fragen gleich selbst die Antworten. Diese halten zwar nicht immer der wissenschaftlichen Überprüfung stand, sie sind aber der kindlichen Logik und dem Weltbild, das dem jeweiligen Entwicklungsstand der Kinder entspricht, angemessen. Kinder erklären sich also ihre Umwelt aufgrund ihrer altersgemäßen Erfahrungen selbst. Die „Wie"-Fragen scheinen ihnen dabei oft noch wichtiger zu sein als die „Warum"-Fragen.

Kleine Kinder erschließen sich die Natur nicht auf analytisch-erklärendem Weg, sondern durch Sammeln, Betrachten und Ausprobieren (Schäfer, 2003, S. 184). Sie nähern sich unserer natürlichen Umwelt auf emotionalem Wege, empfinden Lust, Angst, Mut, Staunen oder Neugier, aber niemals Langeweile.

Wie unsere Kinder von Naturerlebnissen profitieren
Kinder mit gut ausgebildeten naturalistischen Fähigkeiten lieben und pflegen nicht nur Tiere und Pflanzen gerne, sie eignen sich auch ein großes Sachwissen über die Natur an. Sie interessieren sich für die Zusammenhänge von Wetter, Klima und Naturkreisläufen. Sie lernen verstärkt über ihren Tast- und Riechsinn, der dadurch besonders gut ausgeprägt wird, und leben und arbeiten auch später gerne im Freien.

Wenn wir Kindern ermöglichen, mit der Natur in Kontakt zu kommen, einen eigenen Zugang zur ihr zu entwickeln und die Natur für sich selbst zu er-„spüren", dann legen wir damit eine Basis, die sie „trägt", auch über schwierigere Situationen oder Stolpersteine in ihrem Leben hinweg. Sie werden in der Erinnerung an ihre kindlichen Naturerlebnisse immer wieder Kraft tanken und ihre „Kraftquellen" in der Natur aufsuchen. Sie haben gelernt, was ihnen gut tut und sind weniger

gefährdet, sich Ersatz-Erlebnisse (z. B. Drogen) zu beschaffen. Sie haben eine trag-fähige Bindung nicht nur an die Eltern, sondern auch an die Natur entwickelt, die sie im Leben „wurzeln" lässt, die ihnen zur inneren Stärke verhilft.

Im therapeutischen Bereich wurde dieser segensreiche Einfluss der Natur längst erkannt. So sollen z. B. in der Drogentherapie intensive Naturerlebnisse in unbewohntem Gebiet die Loslösung von der Drogenabhängigkeit unterstützen.

Bei Erwachsenen finden wir die naturalistische Intelligenz, also eine Sensibilität für Naturphänomene und die Fähigkeit, die Natur zu beobachten, ausgeprägt bei Berufen wie Biologen, Förstern, Botanikern und (Tier-)Ärzten, aber auch bei Men-schen, die in der Landwirtschaft tätig sind.

Kinder, die gelernt haben, die Natur zu schätzen, und mit ihr einfühlsam um-zugehen, entwickeln darüber hinaus eine intuitive Achtung vor der Schönheit und Größe der Schöpfung und der lebenden Geschöpfe – Pflanzen, Tiere und Men-schen. Wer mit einer Pflanze einfühlsam umgeht und auf Tiere achtet, der entwi-ckelt in der Regel auch ein Mitgefühl gegenüber seinen Mitmenschen.

Wenn wir Kindern Naturerfahrungen ermöglichen, legen wir damit die ersten Anfänge sowohl für einen nachhaltigen Umweltschutz als auch für Spiritualität (siehe dazu auch Kap. III.7) und Empathiefähigkeit (siehe dazu auch Kap. III.8).

Die folgenden Anregungen sollen „Lust auf mehr" machen – Lust auf mehr Ideen, mehr Erlebnisse, mehr Fragen und mehr Antworten zum Thema „Natur". Sie sind daher nur Ausschnitte aus dem schier unerschöpflichen Repertoire an Spielmöglichkeiten, das die Natur für unsere Kinder und uns bereithält.

A Erde, Wasser, Luft und Feuer

Anhand der vier klassischen Elemente sammeln unsere Kinder erste Erfahrungen über physikalische und chemische Vorgänge in der Natur. Wie reagieren Erde, Was-ser, Luft und Feuer, wenn sie aufeinandertreffen? Mit Erde und Wasser können wir matschen, Luft bringt Feuer in Gang oder bläst unsere Kerze aus, Wasser löscht Feuer und Glut. Was bleibt zurück vom Brennholz, wenn das Feuer erloschen ist? Diese und viele andere Vorgänge, die für uns Erwachsene zum selbstverständli-chen Repertoire unserer Erfahrungen gehören, sind für unsere Kinder „phänome-nal". Sie erleben sie zum ersten Mal und suchen staunend nach Erklärungen.

> „Gelobt seist du Herr, durch unsere Schwester,
> die Mutter Erde, die gütig und stark uns trägt."
> (aus: „Sonnengesang" von Franz v. Assisi)

Was wissen wir über die vier Elemente?

Erde kann trocken oder nass, fest oder schlammig sein. Wir können in ihr Risse entdecken. Ein Waldboden sieht anders aus als die Erde auf einer Wiese. Ohne Erde gibt es keine Pflanzen – oder nur ganz wenige. Die Erde ernährt uns.

Wir können die Erde fühlen, mit den Händen oder mit unseren Füßen, wenn wir barfuß laufen. Wie fühlt sich Erde an, wenn sie nass ist? Wir können Erde auch riechen, sie riecht ganz unterschiedlich. Wie riecht Walderde und wie Wiesenerde?

Wasser ist im Sommer das beliebteste Element. Mit Wasser kann man spritzen, und plantschen, aber Wasser kann auch gefährlich werden. Wenn wir unsere Füße in einen warmen See tauchen, fühlt sich das anders an, wie wenn wir sie in einen kalten Gebirgsbach halten. Wasser kommt fast überall hin, kann durch Ritzen laufen, macht uns nass und einen Sandhaufen fest. Wasser brauchen wir, die Pflanzen und die Tiere zum Leben.

> „Gelobt seist du Herr, durch Schwester Quelle:
> wie ist sie nütze in ihrer Demut,
> wie köstlich und keusch!
>
> *(aus: „Sonnengesang" von Franz v. Assisi)*

Luft können wir nicht sehen, und sie ist dennoch da. Wir spüren die Luft als Wind, der uns durch die Haare fährt, wir sehen, wie er die Bäume biegt, die Blätter vor uns herweht oder die Wasseroberfläche kräuselt. Einen leichten Windhauch erleben wir anders als einen starken Sturm, der uns etwas aus der Hand bläst oder unseren Drachen steigen lässt.

Feuer ist etwas Heißes und Gefahrvolles, aber auch etwas Nützliches. Es lodert und verbrennt Dinge, aber es kann uns auch ein Essen braten, wie etwa Stockbrot (siehe Kap. III.6) oder Kartoffeln.

> „Gelobt seist du, mein Herr, durch Bruder Feuer,
> durch den du zur Nacht uns leuchtest.
> Schön und freundlich ist er am wohligen Herde,
> mächtig als lodernder Brand."
>
> *(aus: „Sonnengesang" von Franz v. Assisi)*

Wir machen ein Lagerfeuer

Wenn wir den richtigen Abstand zum Feuer einhalten, dann wärmt es uns und ist ungefährlich. Feuer ist faszinierend. Wir sehen die flackernden „Zungen", die grellen gelb-orangen Farbtöne, hören das Knistern und Knacken des Holzes, riechen den typischen Geruch von verbranntem Holz und schmecken eventuell noch Reste von Ruß auf der Kartoffel, die wir in ihm braten. Ein Lagerfeuer lockt Erwachsene und Kinder an. Hier spüren wir noch etwas Ursprüngliches, das wir in unserem Alltag oft schon verloren haben. Aber auch das Feuer einer Kerze, die für uns leuchtet, wärmt uns innerlich und „verzaubert" die jeweilige Situation – ob am Abend, bei einem Fest oder in der Vorweihnachtszeit ...

Stockbrot, im Feuer gebacken

Zutaten (für vier Personen):

- 400 g Mehl
- 30 g Hefe oder 1 Tüte Trockenhefe
- 1 EL Zucker (bzw. Honig, Rüben- oder Ahornsirup)
- 300 ml warmes Wasser oder warme Milch
- 1 TL Salz (bei Trockenhefe evtl. auch 1 EL Essig)
- 2 EL Oliven- bzw. Sonnenblumenöl (bzw. Butter oder Margarine)

Den Teig nach dem Hefeteig-Verfahren herstellen und dann die „Stockportionen" vorbereiten: Dazu verteilt man in einer Schüssel eine halbe Handvoll Mehl, rupft eine ausreichende Menge aus dem Teig heraus und bestäubt diese in der Schüssel durch mehrfaches Wenden rundum ausreichend mit Mehl, bis die Teigkugel nicht mehr an den Händen klebt (auch die Hände vorher mit Mehl bestäuben).

Dann knetet man diese Teigkugel durch, zieht sie in die Länge und windet sie um das vorderste Ende eines Holzstocks. Abschließend ca. 10 bis 15 Min. in etwa 20 bis 40 cm Abstand über der Glut bzw. den Flammen backen und dabei gelegentlich drehen. Je schonender der Teig gebacken wird, desto besser geht er auf und desto weniger verbrannte Stellen sind vorhanden! Das eben erwähnte Teigrezept ist übrigens auch für Pizza oder im Ofen gebackenes Brot bzw. Brötchen geeignet.

B Spiele in Wald und Wiese

Schatzkörblein

Alles, was auf einem Spaziergang in der Natur ihre Neugierde anregt, ist für Kinder spannend und des Sammelns wert: Blätter, Waldfrüchte wie Eicheln, Bucheckern oder Rindenstücke, Stöcke, Steine, Moos, Tannenzapfen u.v.a.m. In einem kleinen Körbchen oder einem Schuhkarton finden die gesammelten Schätze unterwegs ihren Platz und können sicher nach Hause transportiert werden, wo sie weitere Verwendung finden (z. B. beim „Waldtheater").

Die kleinen Forscher

Wie viele unterschiedliche Gräser, Blätter, Blumen und Tiere gibt es auf einer Wiese zu entdecken? Wie langsam kriecht eine Schnecke und wie schnell krabbelt eine Ameise? Wie viel kann eine Ameise tragen? Was treibt ein Wurm so den ganzen Tag?

Größere Kinder können schon mit einer Lupe auf Entdeckungsreise gehen: Entlang einer Schnur von ca. 1 bis 2 Metern Länge unternehmen die Kinder eine „Expedition in die Welt des Kleinen". Mit der Lupe in der Hand robben sie auf dem Bauch liegend Zentimeter für Zentimeter vorwärts und entdecken dabei Naturwunder, wie Blumen, farbenprächtige Käfer, Spinnen, Gräser oder auch einen Tautropfen, der in allen Regenbogenfarben schillert! Die Lupe dabei nie weiter als 30 cm vom Untergrund entfernt halten (vgl. Cornell, 2006, S. 150).

Abenteuer im Wald

Sich hinter Bäumen oder einem Busch zu verstecken gehört mit kleinen Kindern schon zum obligatorischen Ablauf eines Waldspaziergangs. Wenn die Kinder bereits ein bisschen älter sind, versuchen sie auch schon, auf niedrigere Bäume zu klettern. Es ist ein „erhabenes" Erlebnis, von oben nach unten zu schauen, wenn die Kletterei geschafft ist!

Großen Spaß macht es auch, barfuß über Moos, Steine, Zapfen, Wurzeln und Blätter zu gehen – was spüren wir da nicht alles an unserer Fußsohle!

Wir bauen eine Zwergenwohnung

Zwischen die großen Wurzeln eines Baumes legen wir Moos und andere Naturgegenstände, die wir zuvor gesammelt haben, und erfinden dann gemeinsam eine Zwergengeschichte. Vielleicht finden wir auch noch eine kleine Wurzel, die aussieht wie ein Zwerg oder ein Gnom? Dann haben wir schon eine richtige Zwergenwohnung!

Wenn wir beim nächsten Waldspaziergang wieder an diese Stelle zurückkehren, dann besuchen wir unsere Zwergenwohnung und sehen nach, ob sie noch unversehrt ist oder ob sich Tiere (oder vielleicht die Zwerge selbst?) an den Utensilien zu schaffen gemacht haben.

Im Herbst können wir hier auch Geschenke für die Tiere des Waldes hinterlegen, wie z. B. Kastanien, Eicheln oder Bucheckern!

Die „Sprache" des Waldes

Wie „spricht" der Wald zu uns? Wir hören Vögel zwitschern und Blätter rauschen. Wenn wir ganz leise sind, dann hören wir auch den Wind durch die Bäume streifen und Äste knacken. Und wir lernen, dass wir ganz leise, konzentriert und aufmerksam sein müssen, um viel zu hören! In unserer lauten, „umtriebigen" Welt tut es gut, einmal auch Stille erfahren zu können.

Eine gute Konzentrationsübung ist es daher, sich gemeinsam im Wald einen Platz zu suchen, ganz still zu sitzen und nur mit dem Finger auf das zu deuten, was wir entdecken und wo wir etwas hören: einen knackenden Ast, einen Vogel, einen Käfer … Dies ist für alle Beteiligten sehr spannend!

Sankt Bernardus lehrt uns: „Du wirst mehr in den Wäldern finden als in den Büchern: Bäume und Steine werden dich lehren, was kein Lehrmeister dir zu hören gibt!"

Mein Baum

Wir führen das Kind mit verbundenen oder geschlossenen Augen an einen Baumstamm und lassen es diesen ausgiebig befühlen. Wie ist die Rinde beschaffen? Ist sie glatt oder rissig, hat sie Löcher? Wie riecht der Baum? Ist er dick oder eher dünn?

Wenn das Kind den Baum ausgiebig erfühlt hat, dann führen wir es vorsichtig ein paar Schritte zurück, drehen es ein paar Mal um die eigene Achse und lassen es die Augen öffnen. Nun kann es versuchen, zu erraten, um welchen Baum es sich gehandelt hat. Auf diese Weise erhält jedes Kind einen „eigenen" Baum, zu dem es immer wieder zurückkehren kann, wenn sich die Gelegenheit dazu ergibt.

Unser kleiner Waldzoo

Wir entfernen an einem Baumstumpf ein Stück Rinde und untersuchen, was darunter alles „kreucht und fleucht": Käfer, Spinnen, Ameisen u.v.a.m. Wir entdecken auch die schmalen Gänge, die die Insekten in die Rinde gebohrt haben, und untersuchen ihren Verlauf.

> „Ich liebe den, der den ganzen Wald kennt, Insekt, Lerche, die große Eiche, den Felsblock, den Farn, den Grashalm"
> (Vincent van Gogh)

Waldxylophon

Zunächst werden unterschiedlich lange Aststücke, die auf dem Waldboden liegen, eingesammelt. Dann suchen wir gemeinsam einen Ast, der möglichst waagrecht vom Baumstamm wegwächst. An diesen Ast hängen wir dann mit einer Schnur die Aststücke in der Reihenfolge von klein nach groß auf – fertig ist unser Waldxylophon!

Das Waldxylophon spielt man mit einem weiteren Aststück als Schlegel. Wie klingen die Hölzer, wenn wir sie mit einem dicken Schlegel anschlagen und wie mit einem dünnen?

Ein kleines Waldtheater

Material:

- ein Schuhkarton
- buntes Papier (Tonpapier, buntes Kopierpapier, altes Geschenkpapier o. Ä.)
- unsere gesammelten Schätze aus dem Wald
- kleine halbrunde Glassteine, Murmeln oder Glaskugeln

Wenn wir von unserem Waldspaziergang wieder zu Hause sind, bauen wir uns ein „Waldtheater": Dazu zuerst den Schuhkarton innen und außen mit buntem Papier bekleben. Für innen wirkt Rot besonders schön und „theatermäßig", und wenn wir das Theater außen mit Geschenkpapier bekleben, dann haben wir ein richtiges Schatz(kästchen-)theater. Dann wird der Karton auf einer schmalen Längsseite aufgestellt und unser Theaterraum mit Moos, Zweigen, Zapfen, Steinen dekoriert. Dazwischen leuchtet vielleicht sogar ein kleiner Schatz (eine Glaskugel o. Ä.)! Kastanienfiguren erwecken unser Theater zum Leben!

Ein kleines Loch in der Rückwand des Kartons gibt uns die Möglichkeit, bei Dunkelheit eine Taschenlampe hineinstrahlen zu lassen – für eine „Abendvorstellung"!

Naturfühlkasten

In den Deckel eines Schuhkartons schneiden wir ein Loch, das gerade so groß ist, dass eine Kinderhand hindurchpasst. Dann wird der Karton mit den im Wald gesammelten Schätzen befüllt, und jeder darf fühlen und raten, was sich in unserer Schatzkiste so alles befindet. Auch Nachsehen ist am Schluss erlaubt!

C Steinspiele

Spiel-Steine

Wir sammeln große und kleine Steine. Was kann man nicht alles mit ihnen anstellen! Man kann sie sortieren. Man kann sie mit Wachsmalstiften bemalen. Man kann mit ihnen auf ein Ziel werfen. Man kann mit ihnen Figuren legen (z.B. eine Schlange, ein Haus, eine Blume, ein Mandala etc.), aber auch geometrische Formen (z.B. ein Quadrat, ein Dreieck, einen Kreis, ein Muster usw.). Man kann die Steine aber auch zu einem Berg aufhäufen und dann beobachten, wann sie wieder runterkullern, und wir können Steine zum Klingen bringen (siehe Kap. III.2) und sicher noch vieles mehr ...

Steinmemo-Spiel

Das klassische Memoryspiel, hier jedoch mit Steinen: Dazu bemalen wir z.B. mit Wachsmalstiften jeweils zwei Steine in der gleichen Farbe, insgesamt etwa 4 bis 5 Steinpaare. Bei kleinen Kindern gestalten wir das Memo-Spiel etwas einfacher: Wir drehen die jeweils aufgedeckten Steine nicht wieder um, sondern lassen sie offen liegen, und sobald der zweite, dazu passende Stein gefunden ist, darf das Kind das Paar auf seine Seite legen.

D Sandspiele

Sand – ein besonderes Gefühlserlebnis!

Sand vermittelt uns ganz eigene Gefühlswelten: Wie fühlt sich Sand an, wenn er uns durch Finger oder durch Zehen rieselt? Wie fühlt sich nasser Sand an, und wie trockener? Ist der Sand warm oder kalt usw. Wir können z. B. auch unsere Füße in den Sand eingraben bzw. uns oder jemand anderen fast ganz mit Sand bedecken. Wie fühlt sich das an?

> „Das Schönste für Kinder ist Sand, ihn gibt's immer reichlich.
> Er rinnt unvergleichlich zärtlich durch die Hand"
> (aus: „Sandgedicht" von Joachim Ringelnatz)

Spuren im Sand

Wir ziehen mit einem Stock nach Belieben Spuren in den Sand: flache Linien, tiefe Rillen oder ein ganzes Muster. Der Fantasie sind hier keine Grenzen gesetzt! Mit unseren Spuren im Sand können wir auch Spiele machen: Wir können z. B. im Sand einen Kreis ziehen, auf diesem Kreis zuerst in die eine und dann in die andere Richtung laufen und zum Schluss mit einem lauten Schrei in die Mitte springen – auch die Erwachsenen dürfen sich trauen!

Landschaftskünstler

Mit den verschiedensten Materialien – Steine, Stöckchen, Schneckenhäuser, Gräser und alles, was wir sonst noch draußen entdecken – legen wir ein Bild oder ein Naturmandala in den Sand.

Sanderinnerungen

In den Deckel eines Schuhkartons oder einer größeren Blechbüchse streuen wir eine Schicht Sand. Darauf „arrangieren" wir dann Steine, Stöckchen, Schneckenhäuser, im Urlaub vielleicht auch Muscheln u.v.a.m. – eine schöne Erinnerung für zu Hause!

Flussmeister

Wenn wir Sand mit Wasser zusammenbringen, können wir ganz einzigartige Landschaften erschaffen: Es entstehen ganze Fluss- und Seenlandschaften, wir werden zu kleinen Ingenieuren, wenn wir Staudämme bauen und erkunden, bei welcher Wassermenge er bricht oder mit wie vielen Wasserkübeln wir ihn „sprengen" können …

Bergpass

Wir häufen aus Sand einen Berg auf und befestigen ihn mit Wasser. Dann wird eine spiralförmige „Pass-Straße" gebaut, die sich von der Spitze bis unten hin, rund um den Berg zieht. Auf dieser Straße saust dann ein kleines Auto oder eine Murmel den Berg hinab!

Schatzsuche

In einen Berg aus Sand werden Gegenstände versteckt. Wer findet sie als Erster?

E Frühling, Sommer, Herbst und Winter

Im Wechsel der Jahreszeiten erleben wir den Rhythmus der Natur besonders intensiv.

Die folgenden Spiele für den Jahreskreis lassen sich von diesem Rhythmus leiten. Zudem sorgen jahreszeitliche Rezepte für ungewöhnliche Gaumenfreuden. Kinder helfen nicht nur gerne beim Sammeln der Zutaten in der Natur, wir können sie – je nach Alter – auch schon bei der Zubereitung einbinden.

Es war eine Mutter, die hatte vier Kinder Text und Musik: trad.

2. Der Frühling bringt Blumen,
   der Sommer den Klee,
   der Herbst, der bringt Trauben,
   der Winter den Schnee.

3. Das Klatschen, das Klatschen,
   das muss man versteh'n,
   da muss man sich dreimal
   im Kreise umdreh'n.

Der Frühling kommt!

„Wacht auf, wacht auf ihr Kinderlein, es wird nun wohl bald Frühling sein! Da reckt und streckt die kleine Schar und fährt sich durch das wirre Haar."

(aus: „Etwas von den Wurzelkindern", Sybille v. Olfers, Esslingen, 1995/2004)

Wir säen und ernten

Im Frühling erfahren wir, wie die Natur wieder zum Leben erwacht. Überall sprießt das Grün. Die ersten Blumen, meist Gänseblümchen, strecken uns ihre Köpfchen entgegen und wir bewundern die ersten Schmetterlinge. Dieses Erwachen und Wachsen der Natur können wir auch in der Wohnung nachvollziehen:

In ein kleines, mit Erde gefülltes Tontöpfchen lassen wir die Kinder Kressesamen streuen und vorsichtig gießen. Jeden Morgen können wir jetzt sehen, wie unsere Kressepflänzchen wieder ein bisschen mehr gewachsen sind. Wenn sie dann ernterreif sind, schneiden wir sie ab und essen sie auf einem Butterbrot – für die Kinder ist es ein spannendes Erlebnis, ihre selbst gezüchtete Kresse zu verspeisen! Kresse eignet sich besonders gut, da sie schnell wächst und der Zeitrahmen zwischen Aussaat und Ernte für die Kinder überschaubar ist.

Unsere Blume

Gemeinsam mit den Kindern pflanzen wir eine Tulpen- oder Hyazinthenzwiebel in einen kleinen Blumentopf. Dann dürfen unsere kleinen Blumenzüchter die Pflanze regelmäßig gießen. Mit Spannung warten alle darauf, dass sich der erste Spross seinen Weg ans Tageslicht bahnt. Wenn sich die Kinder für die Pflege dieser Blume verantwortlich fühlen, werden sie zu ihr ein ganz besonderes Verhältnis aufbauen.

Die Sonne

Mit diesem Frühlingsspiel begrüßen wir die Sonne. Ein Erwachsener spricht die folgenden Verse, während das Kind die Sonne spielt und sich mit ausgebreiteten Armen (die Sonnenstrahlen) erst rechtsherum und dann linksherum dreht und schließlich wieder in der Ausgangsposition verharrt:

„Ich sehe, dass die Sonne lacht,
den Frühling hat sie uns gebracht.
Das hat die Sonne gut gemacht."

In alten Kinderliedern und Volksweisen wurde den Kindern über vielen Generationen hinweg der Frühling musikalisch nahegebracht. Hier eine kleine Auswahl:

Jetzt fängt das schöne Frühjahr an
Rheinische Volksweise

2. Es blühen Blümlein auf dem Feld,
   sie blühen weiß, blau, rot und gelb;
   es gibt nichts Schön'res auf der Welt.

3. Jetzt geh' ich über Berg und Tal,
   da hört man schon die Nachtigall
   auf grüner Heid und überall.

April, April

Weitere bekannte Kinderlieder sind „Kuckuck, Kuckuck" und „Alle Vöglein sind schon da".

Den Frühling können wir nicht nur sehen (Blumen) und hören (Vögel), riechen und fühlen, sondern mit seinen Gaben auch schmecken:

Bärlauch-Pesto

Zutaten:
- 50 – 100 g Bärlauchblätter
- 150 g Parmesan (am Stück)
- 500 ml Olivenöl
- 50 g Pinienkerne oder Haselnüsse
- Saft einer halben Zitrone
- Salz

Im Frühling wächst der Bärlauch, aus dem wir uns ein Bärlauch-Pesto herstellen können. Und so wird's gemacht: Bärlauchblätter in schmale Streifen schneiden, Pinien- oder Haselnüsse mahlen, Parmesan reiben und zusammen mit den übrigen Zutaten pürieren. Mit Salz und Zitronensaft abschmecken. Tipp: Pesto lässt sich auch sehr gut einfrieren.

Salatteller „Waldspaziergang"

Zutaten:

- 2 Handvoll frische Blätter, z. B. Kirsche, Linde, Buche
- 500 g Erdbeeren
- 1 Bund Radieschen
- 1 mittelgroßer Kohlrabi
- 1 Zwiebel
- 250 g Sahne
- Zitronensaft
- Salz
- Zucker oder Honig
- frisch gemahlener Pfeffer

Die Erdbeeren achteln, die Radieschen in dünne Scheiben schneiden, den Kohlrabi raspeln und die Zwiebel sehr fein hacken. Alle Zutaten zusammen mit den Blättern vermengen. Die Sahne leicht anschlagen und mit Zitronensaft, Salz, Zucker bzw. Honig und dem frisch gemahlenen Pfeffer würzen und über den Salat gießen (gut ziehen lassen!). Dann den Salat auf vier Tellern verteilen und mit frischen Blättchen garnieren.

Wir naschen von den Bäumen!

Von März bis Mai können wir mit unseren Kindern bei einem Spaziergang z. B. Birken- und Buchenblätter frisch vom Baum pflücken und dann ausprobieren, wie unterschiedlich sie schmecken! Am besten sind sie, wenn sie frisch an den Zweigen ausgetrieben haben. Man kann sie auch auf ein Butterbrot oder in den Salat geben!

Sommer, Sonne und mehr ...

Im Sommer verbringen wir mit unseren Kindern so viel Zeit wie möglich im Freien. Die Natur bietet uns in dieser Jahreszeit einen unendlich großen Spielplatz, den wir gemeinsam mit den Kindern mit allen Sinnen entdecken können.

Alle Spiele im Wald, auf der Wiese, im Sand und im Wasser machen in diesen Monaten besonders Spaß; aber

auch im Garten, auf der Terrasse oder einfach auf dem Balkon (aber nicht ohne Aufsicht!) können wir viele spannende Sachen anstellen. Die Kinder suchen sich ihre Spielmöglichkeiten ganz von selbst, wenn wir sie nur lassen, sie dabei begleiten, auf ihre Fragen antworten und uns Zeit nehmen, mit ihnen gemeinsam auf Entdeckungsreise zu gehen. Oder wir legen uns einfach nur auf eine Decke auf eine Wiese, betrachten die vorbeiziehenden Wolken und riechen das frisch gemähte Gras ...

Graskitzeln

Wir liegen mit geschlossenen Augen im Gras. Einer kitzelt den anderen mit einem Grashalm, und der muss benennen – oder bei ganz kleinen Kindern zeigen – wo ihn der Grashalm gekitzelt hat.

Blumenduftspiel

> „Düfte sind die Gefühle der Blumen"
> *(Heinrich Heine, 1797 – 1856)*

Wir untersuchen die Blumen um uns herum. Welche duftet gut? Welche riecht schlecht? Und welche riechen gar nicht?
Dieses Spiel bringt auch für Erwachsene oft überraschende Ergebnisse.
Variation: Vorher raten, ob eine Blume duftet oder nicht ... wer hat Recht?

Auch im Sommer beschenkt uns die Natur wieder reichlich aus ihrem Garten ...

Moussierende Holunderlimonade

Zutaten:
- 100 g Zitronensäure (aus der Apotheke)
- 4 ungespritzte Zitronen
- 15 – 20 Holunderblüten-Dolden
- 3 l Wasser
- 1 kg Zucker

Für die Limonade zunächst Zitronen in hauchdünne Scheiben schneiden und mit den Holunderblüten in das zitronensaure, mit Zucker versetzte Wasser geben; dafür einen Glas- oder Tonkrug verwenden! Die Säure und der Zucker müssen durch Umrühren, am besten mit einem Holzlöffel, vollständig aufgelöst werden. Dann mit einem Tuch bedeckt, etwa vier bis fünf Tage an einem warmen Platz reifen lassen und dabei täglich einmal umrühren.

Sobald Bläschen aufsteigen, ist es Zeit, die Limonade durch ein Tuch zu seihen und in Flaschen zu füllen. Die Flaschen verkorken oder mit Patentverschluss schließen und in einem kühlen Keller ruhig lagern. Nach etwa 14 Tagen hat unser „Hollersekt" seine höchste Geschmacksreife erlangt – prost!

Gebackene Brennnesselblätter

Zutaten:

- 125 g Mehl
- 3 Eier
- 1 Prise Salz
- 1 EL flüssige Butter
- 1 EL Bier
- 2 EL Milch
- junge Brennnesselblätter

Auch so genanntes „Unkraut" ernährt uns und ist obendrein gesund! Brennnessel z. B. sind leicht zu finden und können zu schmackhaften Gerichten verarbeitet werden. Allerdings müssen wir darauf achten, dass wir sie nicht an viel befahrenen Straßen sammeln, weil sie dort zu viele Schadstoffe enthalten. Beim Abpflücken ganz unten am Stil anfassen, dann „brennen" diese Nesseln nicht!

Für die gebackenen Brennnesselblätter schöne größere, aber noch junge Blätter auf ein Fleischbrett legen, leicht klopfen, auf beiden Seiten mit Salz bestreuen und Saft ziehen lassen. Dann aus den oben genannten Zutaten den Eierkuchenteig anrühren, die Blätter hineintauchen und in der Pfanne oder im Frittiergerät goldgelb backen.

Man kann die Blätter auch grob hacken und mit dem Teig vermischen. Dann bäckt man dünne Pfannkuchen daraus, rollt diese und schneidet sie in feine Nudeln, die man in die Suppe geben kann.

Gänseblümchen garnieren unsere Sommersalate!

Gänseblümchen sammeln die Kinder sehr gerne. Wenn wir mit den Blümchen einen Salatteller garnieren, dann sind die Kleinen sicher sehr stolz auf den Beitrag, den sie zu unserem Gericht geliefert haben!

Es gibt zahlreiche Kinderlieder, die uns musikalisch durch den Sommer begleiten. Hier eine kleine Auswahl:

Summ, summ, summ, Bienchen summ herum

Text: Hoffmann von Fallersleben, Musik: aus Böhmen

Summ, summ, summ, Bien - chen, summ he - rum!

Ei, wir tun dir nichts zu - lei - de,
flieg nur aus in Wald und Hei - de!

Summ, summ, summ, Bien - chen, summ he - rum!

2. Summ, summ, summ,
Bienchen summ herum!
Such' in Blumen, such' in Blümchen,
dir ein Tröpfchen, dir ein Krümchen!
Summ, summ, summ,
Bienchen summ herum!

3. Summ, summ, summ,
Bienchen summ herum!
Kehre heim mit reicher Habe,
bau uns manche volle Wabe!
Summ, summ, summ,
Bienchen summ herum!

Hopp, hopp, hopp, Pferdchen lauf Galopp

Text: Carl Hahn, Musik: K.G. Hering (1766 – 1853)

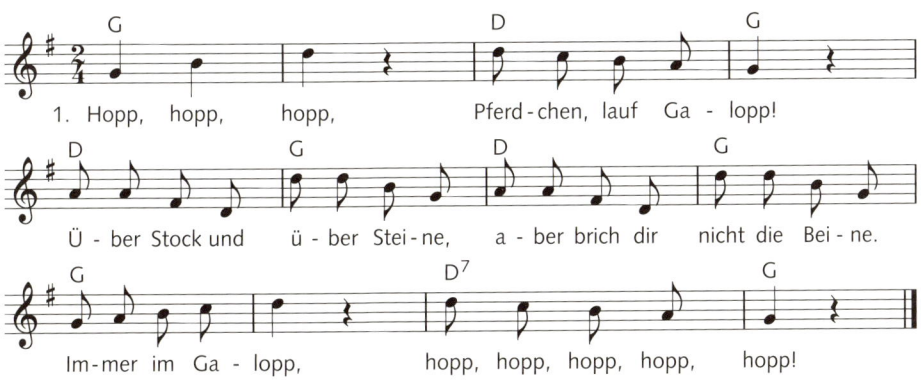

1. Hopp, hopp, hopp, Pferd - chen, lauf Ga - lopp!

Ü - ber Stock und ü - ber Stei - ne, a - ber brich dir nicht die Bei - ne.

Im - mer im Ga - lopp, hopp, hopp, hopp, hopp, hopp!

2. Tipp, tipp, tapp, wirf mich nur nicht ab!
Zähme deine wilden Triebe,
Pferdchen, tu es mir zuliebe.
Wirf mich ja nicht ab,
tipp, tipp, tipp, tipp, tapp.

3. Brr, brr, he, steh' doch Pferdchen steh'!
Sollst schon heut' noch weiterspringen,
muss dir nur erst Futter bringen.
Steh' doch Pferdchen steh',
brr, brr, brr, brr, he.

Onkel Jörg hat einen Bauernhof

aus England

1. On-kel Jörg hat ei-nen Bau-ern-hof, hei - a, hei - a, ho.
Und da lau-fen ein paar Hüh-ner rum, hei - a, hei - a, ho.

Es macht tuk - tuk hier, es macht tuk - tuk da,

tuk - tuk hier, tuk - tuk da, tuk - tuk ü - ber - all.

2. Onkel Jörg hat einen Bauernhof, heia, heia, ho.
Und da laufen ein paar Gänse rum, heia, heia, ho.
Es macht ga-gak da, es macht ga-gak hier,
ga-gak da, ga-gak überall.

3. ...Schweine...oi-oi...
4. ...Ziegen...meck-meck...
5. ...Kühe...muh-muh...

Weitere „sommerliche" Lieder mit schönen Melodien sind: „Ich gehe durch einen grasgrünen Wald" und „Ein Vogel wollte Hochzeit machen".

Übrigens: Viele Spielanregungen für den Frühling (s. oben) eignen sich genauso für den Sommer!

Der Herbst, der Herbst, der Herbst ist da ...

... klingt es in einem bekannten Kinderlied. Der Herbst ist die Zeit des Sammelns und Erntens. Es macht Spaß, gemeinsam Kastanien, Bucheckern oder Blätter zu sammeln. Wo können wir die heruntergefallenen Kastanien überall finden? Wie sieht ihre Schale aus, und warum sind sie so stachelig? Welches Tier isst Bucheckern? Wir können im Freien einen ganzen Berg aus Herbstblättern anhäufen und uns hineinfallen lassen – die Landung ist immer weich! Welches Herbstblatt ist so bunt und schön, dass wir es mit nach Hause nehmen möchten?

Die Suche nach der goldenen Kastanie

Kastanien sind wie kleine Fühlsteine oder Handschmeichler. Kinder lieben das Gefühl, einfach in einem Korb oder einer Schachtel mit ganz vielen gesammelten

Kastanien zu wühlen. Und auch wir Erwachsene nehmen gerne eine solche glatte Kastanie in die Hand!

Wenn wir eine Kastanie „vergolden" oder bunt anmalen und sie dann im Korb bzw. der Schachtel mit den anderen, normalen Kastanien verstecken, dann werden die Kinder ganz schnell zu Schatzsuchern!

Kastanienbad
Noch aufregender ist es, wenn wir sogar eine ganze Plastikwanne oder Kiste mit den Kastanien füllen können. Dann heißt das Motto für die Kinder: Nichts wie rein in das „Kastanienbad" (am besten nackt!) und einfach das „Rumrühren" mit den Händen und Füßen in den Kastanien genießen! Die Kinder spüren auf diese Weise ihren ganzen Körper und schulen dabei ihr Körpergefühl.

Kastanienfiguren und Kastanienketten
Aus Kastanien und Zahnstochern (oder abgebrochenen Streichhölzern) die beliebten und altbewährten Kastanienfiguren zu basteln, macht auch größeren Kindern Spaß. Dazu sticht man mit einem Vorstecher ein Loch in die Kastanie und steckt den Zahnstocher hinein, an dessen anderes Ende dann die nächste Kastanie gesteckt wird usw., bis unsere Figur (ein Tier oder ein Mensch) fertig ist. Wegen der Verletzungsgefahr sollte aber immer ein Erwachsener bei dieser Bastelei dabei sein.

Wenn wir die Kastanien aber auch komplett durchbohren und auffädeln, dann erhalten wir eine wunderschöne Kastanienkette!

Blättervariationen
Auch mit den bunten Herbstblättern können wir vieles basteln: Wir können sie z. B. (auch ungepresst) auf ein großes Blatt kleben oder mit ihren Stielen zu einer Art Teppich verweben. Unser Blatt-Kunstwerk macht sich hinter Glas in einem Bilderrahmen besonders gut!

Aus Blättern, die wir auf einer Schnur auffädeln, entsteht eine wunderschöne Halskette. Oder haben wir vielleicht Lust, mit Blättern ein Bettchen für unser Kuscheltier zu bauen?

Hubschrauber
Wenn wir Ahornsamen in die Luft werfen, dann beginnen sie sich zu drehen und schwirren wie die Rotorblätter von Hubschraubern wieder zu Boden!

Bunt sind schon die Wälder

Text: J. G. von Salis-Seewis (1762 – 1834),
Musik: J. F. Reichardt (1752 – 1814)

1. Bunt sind schon die Wäl - der, gelb die Stop - pel - fel - der,
und der Herbst be - ginnt. Ro - te Blät - ter fal - len,
grau - e Ne - bel wal - len, küh - ler weht der Wind.

2. Wie die volle Traube
   aus der Rebenlaube
   purpurfarbig strahlt!
   Am Geländer reifen
   Pfirsiche mit Streifen
   rot und weiß bemalt.

3. Flinke Träger springen,
   und die Mädchen singen,
   alles jubelt froh!
   Bunte Bänder schweben
   zwischen hohen Reben
   auf dem Hut und Stroh.

4. Geige tönt und Flöte
   bei der Abendröte
   und im Mondenglanz;
   junge Winzerinnen
   winken und beginnen
   frohen Erntetanz.

Welche Früchte schenkt uns der Herbst?

Vielen Kindern ist der natürliche Erntezyklus heute nicht mehr bewusst, da wir ja nahezu alle Früchte ganzjährig erwerben können. Wir können ihnen aber diese Erfahrung wieder vermitteln, wenn wir die Möglichkeit haben, einen Apfel- oder Birnbaum zu betrachten, von einem Zwetschgenbaum zu naschen oder einen Haselnussstrauch zu entdecken. Auch mit Bilderbüchern können wir unsere Kinder auf den Lauf der Natur hinweisen.

In einem kleinen Apfel

Text und Musik: trad.

1. In ei-nem klei-nen Ap-fel, da sieht es lus-tig aus:
Es sind da-rin fünf Stüb-chen grad wie in ei-nem Haus.

2. In jedem Stübchen wohnen
   zwei Kernchen schwarz und fein,
   die liegen drin und träumen
   vom lieben Sonnenschein.

3. Sie träumen auch noch weiter
   gar einen schönen Traum,
   wie sie einst werden hängen
   am lieben Weihnachtsbaum.

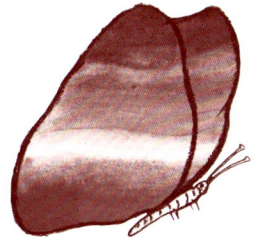

Wenn wir bei diesem Lied einen Apfel aufschneiden, dann können wir die Aussage des Textes im Wortsinn be-„greifen" und nachher auch aufessen!

Auch in „Spannenlanger Hansel" und in „Ein Männlein steht im Walde" werden Herbstfrüchte besungen.

Der Herbst beschenkt uns mit weiteren Früchten, wie Eicheln, Bucheckern, Brombeeren ...

Quarkauflauf mit Brombeeren und Buckeckern

Zutaten:

- 2 EL gehackte Bucheckern und/oder Mandeln
- 500 g Brombeeren
- 500 g Quark
- 50 g Grieß
- 1/2 TL Backpulver
- 2 EL Honig
- 4 Eiweiß

Ein köstlicher herbstlicher Auflauf: Den Grieß mit Backpulver, Bucheckern oder Nüssen, sowie Quark und Honig verrühren. Die Eier trennen, das Eiweiß sehr steif schlagen und unter die Quarkmasse heben. Eine Auflaufform mit Butter einfetten, die Brombeeren einfüllen und die Quarkmasse darüberstreichen. Zum Schluss im vorgeheizten Backofen bei 200 °C etwa 15 bis 20 Minuten backen.

Bucheckern-Plätzchen

Zutaten:

- 50 g Bucheckern oder 25 g Sesam und 25 g Bucheckern
- 70 g Butter
- 100 g Weizenmehl
- 100 g geriebener Gouda
- 1 EL Weißwein
- 1 Ei
- 1/2 TL Salz
- 1/4 TL Cayennepfeffer

Für unsere Plätzchen die Bucheckern pellen, hacken und mit dem Sesam in einer Pfanne ohne Zusatz von Fett kurz rösten. Als Nächstes Butter zerlassen und mit allen angegebenen Zutaten vermischen. Die Masse auf ein Backblech streichen und mit einem Messer die spätere Plätzchengröße einritzen. Schließlich im vorgeheizten Backofen bei 180 °C 20 Minuten backen und nach dem Erkalten die Plätzchen brechen.

Aus Eicheln wurde z. B. in Kriegszeiten auch Kaffee gekocht (siehe Klemme/Holterman, 1999)!

Für die Früchte des Herbstes können wir mit einer Erntedank-Feier „Danke" sagen (siehe Kap.III.7)!

Der Winter bringt Schnee ...

Im Winter wird es kalt, manchmal sehr kalt! Wir erleben, wie sich Wasser in Schnee und Eis verwandelt. Allein schon diese Erfahrung ist für kleine Kinder einmalig. Und wer jedes Jahr aufs Neue ihre Verwunderung und Freude über den ersten Schnee beobachten kann, der weiß, dass dieses Staunen nicht vergeht. Manchmal ist es ja leider ein kurzes Vergnügen, bis der Schnee wieder schmilzt – umso mehr genießen wir ihn mit unseren Kindern! Im Winter haben wir im Freien einen ganz verwandelten großen Natur-Spielplatz, der die Fantasie zu immer neuen Spielen anregt!

Juhu, wir gleiten!

Wenn es strengen Frost gegeben hat, dann können wir ausprobieren, ob es uns gelingt, auf einem gefrorenen Bach oder einer Pfütze zu gehen. Wann rutschen wir aus? Das erste gelungene Gleiten auf dem Eis wird von den Kindern begeistert gefeiert!

Spurensuche

Wir beobachten unsere Spuren im Schnee und verfolgen sie zum Ausgangspunkt zurück! Wer hat große, wer kleine Füße? Wie passt der kleine Abdruck in den großen?

Besonders spannend ist es, wenn die Kinder Spuren von Tieren entdecken und lernen, welcher Abdruck von einer Vogelkralle oder von einer Hundepfote stammt. Von welchem Tier könnte wohl jener Abdruck eines Hufs sein?

Schnee-Engel

Der „Schnee-Engel" fasziniert Kinder seit Generationen. Dazu legt man sich im Schneeanzug – mit den Armen eng am Körper – auf eine frische Schneefläche. Dann werden die Armen seitlich auf dem Schnee auf und abgeschwungen. Auf diese Weise entstehen im Schnee rechts und links neben dem Abdruck des Körpers zwei Halbkreise, die Flügel unseres Engelchens. Auch die Beine grätschen wir nach links und rechts auseinander, sodass wieder ein Halbkreis, das Kleid des Engelchens, im Schnee zurückbleibt. Wenn wir beim Aufstehen vorsichtig sind, können wir uns als „Engel" im Schnee bestaunen!

Schneeflöckchen, Weißröckchen

An sehr kalten Tagen können wir an Bäumen und Sträuchern auch Schneekristalle bewundern. Früher gab es diese schönen Muster aus Eis auch an den Fenstern zu sehen. Da unsere Wohnungen aber heute oft sehr warm und die Fenster wärmeisoliert sind, bekommen wir sie hier kaum mehr zu Gesicht. Wenn wir eine Lupe nehmen, dann zeigt sich das Kristall in seiner ganzen filigranen Vielfalt! Auch die zerbrechliche Struktur von Schneeflocken, die wir mit einem schwarzen Papier auffangen, können wir unter der Lupe bestaunen, bevor sie schnell wieder schmelzen.

Kristallwelten

Bei Frost können wir uns selbst eine wundervolle Kristallwelt erschaffen: Dazu füllen wir Sandförmchen mit Wasser und stellen sie über Nacht ins Freie (funktioniert natürlich auch im Gefrierfach). Wenn wir die gefrorenen Formen am Morgen kurz in warmes Wasser tauchen und auf ein Tablett stürzen, dann können wir die schönen Eiskristalle betrachten – entweder bis sie sich auflösen oder bis wir sie wieder nach draußen bringen.

Wir können mit dem Wasser auch Gegenstände in den Formen einfrieren, z. B. eine bunte Murmel, einen kleinen Zapfen oder eine kleine Plastikente. Dann haben wir am nächsten Tag eine gefrorene Märchenlandschaft, zu der vielleicht jemand eine Geschichte erfinden will.

Schatzsuche im Schnee

In einen kleinen Schneeberg verstecken wir eine Murmel oder andere wasserfeste Gegenstände. Wer findet den Schatz zuerst?

Auch den Winter können wir mit unseren Kinderliedern besingen:

Schneeflöckchen, Weißröckchen   Wolgadeutsches Volkslied

1. Schnee-flöck-chen, Weiß-röck-chen, wann kommst du ge-schneit? Du wohnst in den Wol-ken, dein Weg ist so weit.

2. Komm, setz' dich ans Fenster, du lieblicher Stern,
   malst Blumen und Blätter, wir haben dich gern.

3. Schneeflöckchen, du deckst uns die Blümelein zu,
   dann schlafen sie sicher in himmlischer Ruh.

4. Schneeflöckchen, Weißröckchen, komm zu uns ins Tal,
   dann bau'n wir den Schneemann und werfen den Ball.

Schneemann, rolle, rolle

Text und Musik: trad.

1. Schnee - mann, rol - le, rol - le! Kriegst von wei - ßer Wol - le
ei - nen di - cken Man - tel an, Stei - ne sind als Knöp - fe dran.

2. Schneemann, guck nicht trübe!
Kriegst 'ne rote Rübe.
Zwischen deinen Äugelein,
soll dein lustig Näslein sein.

4. Schneemann, lass dich loben!
Bis die Sonne droben
dich versengt mit Kleid und Fell,
bleibst du unser Spielgesell.

3. Schneemann, lass dich malen!
Zwei Kartoffelschalen
unterm alten Sonntagshut
stehen dir als Ohren gut.

Volksweise

ABC, die Katze lief im Schnee

ABC, die Katze lief im Schnee
Und als sie wieder nach Hause kam,
da hat sie weiße Pfoten an.
ABC, die Katze lief im Schnee

F   Sonne, Regen, Schnee und Wind – unser Naturschauspiel

Viele Menschen in unserer modernen, technisierten Welt haben mittlerweile die Fähigkeit zum Erfahren und Beobachten der uns umgebenden Natur fast ganz verloren: „Wir haben verlernt die Natur zu sehen. Es geht darum, die Augen zu öffnen und die uns umgebende Welt wieder in die Köpfe zurückzuholen. Die Menschen müssen einfach dieses Naturkino, z. B. das Ändern des Wetters, wieder wahrnehmen", fordert uns Martin Schmitz, Professor für Promenadelogie an der Universität Kassel, auf.

Wie abwechslungsreich und spannend die Natur ist, das spüren wir deutlich, wenn wir das Wetter in allen seinen Schattierungen bewusst wahrnehmen: Wie fühlt sich die Sonne an? Wann scheint sie nur schwach und wann spüren wir sie besonders intensiv? Wie fühlt sich der Regen im Gesicht an? Wir spüren den Unterschied zwischen feinem Sprühregen und festen Regengüssen, zwischen kleinen und dicken Tropfen. Wie verändert der Regen unsere Straße oder unsere Wiesen? Wie fühlt sich der Schnee an? Wie sehen die Schneeflocken aus, die sich sachte auf unsere Hand legen? Hagel erleben wir am besten aus einem sicheren Unterschlupf. Aber die Hagelkörner nach dem Unwetter in der Hand zu halten und zu bestaunen, was da vom Himmel herabgefallen ist, das ist eine wundervolle neue Erfahrung für unsere Kinder. Wenn wir z. B. Hagelkörner ins Eisfach legen, dann können wir uns noch Monate später an den Hagelsturm erinnern!

Bei Gewitter wird die ganze Naturgewalt spürbar. Donner und Blitz erschrecken uns. Den Donner hören wir als bedrohlich zunehmendes Grollen, der Blitz zuckt grell am Himmel und wenn beide sich treffen, dann gibt es einen ohrenbetäubenden Knall. Vielleicht hat der Blitz in ein nahes Gewässer eingeschlagen?

Gibt es für ein Kind etwas Spannenderes als ein Gewitter und etwas Beruhigenderes als einen Erwachsenen, bei dem es dabei Schutz suchen kann oder mit dem es gemeinsam das Gewitter am Fenster beobachten kann?

Und was gibt es Schöneres, als nach einem Regen oder Unwetter mit einem Kind einen Regenbogen, die Verbindung zwischen Himmel und Erde, zwischen Gott und den Menschen (Genesis 9, 12-17) zu bestaunen? Das Wunder an Farben und Form, das bald wieder verschwindet, lässt auch uns als Erwachsene staunend und freudig stehen bleiben und den Augenblick genießen!

Eine Vielzahl von Kinderliedern, Fingerspielen und Reimen beschäftigt sich mit dem Wetter, so z. B. die Lieder über den Schnee im vorherigen Abschnitt, das Fingerspiel „Es tröpfelt, es tröpfelt" (siehe Kap. III.1) usw. Zum Schluss hier noch ein Lied über die Sonne und ein Kinderreim zum Regen:

Liebe, liebe Sonne

Text und Musik: trad.

Lie - be, lie - be Son - ne, schei - ne doch recht hell!
Ja - ge fort die Wol - ken, komm her - vor ganz schnell!

Es regnet, es regnet
Es regnet, es regnet,
es regnet seinen Lauf,
und wenn's genug geregnet hat,
dann hört es wieder auf.

G Tag und Nacht

Auch im Wechsel der Tageszeiten erleben wir die Natur mit ihrem immer wiederkehrenden Rhythmus. Wenn es am Morgen hell wird, dann fühlen wir uns anders
als am Abend. Am Morgen gehen wir gerne an unsere Tätigkeiten. Am Abend dagegen, wenn es dunkel wird, erscheint uns die Landschaft düster und wir werden
müde. Dafür können wir nachts den Mond und den Sternenhimmel betrachten,
und dies besonders in der Jahreszeit, in der es früh dunkel wird, weil die Kleinen
dann abends noch wach sind. Die leuchtenden Sterne am Himmel und der sich
immer wieder verändernde Mond sind eine wunderbare Möglichkeit, ihnen das
Firmament nahezubringen.

　　Bei einem Nachtspaziergang in der Natur hören wir oft fremde, geheimnisvolle
Geräusche. Wenn wir dabei das Licht unserer Taschenlampe mit rotem Zellophan-
papier abdecken, dann beunruhigen wir auch keine Tiere.

　　Kleine Kinder haben in der Dunkelheit schnell Angst. Sie erscheint ihnen bedrohlich, weil sie die einzelnen Konturen nicht mehr gut erkennen. Daher wird
der Übergang vom Tag zur Nacht, vom Wachen zum Schlafen, gerne mit Ritualen,
wie z. B. Schlafliedern oder Gebeten (siehe dazu Kap. III.7) gestaltet. Abendlieder
besingen das Firmament und den Schutz, den wir erwarten können:

Guten Abend, gut' Nacht
Guten Abend, gut' Nacht,
mit Rosen bedacht,
mit Näglein besteckt,
schlupf unter die Deck:
Morgen früh, wenn Gott will,
wirst du wieder geweckt,
morgen früh, wenn Gott will,
wirst du wieder geweckt."

aus: „Des Knaben Wunderhorn"
von Clemens Brentano und Achim v. Arnim

Weißt du, wie viel Sternlein stehen

Text: Weilhelm Hey, Musik: trad.

1. Weißt du, wie viel Stern-lein ste - hen an dem
   Weißt du, wie viel Wol-ken ge - hen weit - hin

   blau - en Him-mels-zelt? Gott, der Herr, hat sie ge - zäh - let,
   ü - ber al - le Welt? dass ihm auch nicht ei - nes feh - let

   an der gan - zen gro - ßen Zahl,— an der gan - zen gro - ßen Zahl.

2. Weißt du, wie viel Mücklein spielen,
   in der heißen Sonnenglut?
   Wie viel Fischlein auch sich kühlen,
   in der hellen Wasserflut?
   Gott, der Herr, rief sie mit Namen,
   dass sie all ins Leben kamen,
   //: dass sie nun so fröhlich sind ://

3. Weißt du, wie viel Kinder frühe
   stehn aus ihren Bettlein auf?
   Dass sie ohne Sorg'und Mühe
   Fröhlich sind im Tageslauf?
   Gott im Himmel hat an allen
   seine Lust, sein Wohlgefallen,
   //: kennt auch dich und hat dich lieb ://

H Wie Landschaften auf unsere Seele wirken

„Heilige Mutter Erde,
die Bäume und die ganze Natur
sind Zeugen Deiner Gedanken
und Taten."
(Spruch der Winnebago-Indianer)

Die Landschaft, die uns umgibt, wirkt sich auch auf unsere Stimmung aus. Eine große Rolle spielen hier zum einen die Farben, die in ihr vorherrschen: das Grün und Blau beruhigen uns, Rot und Gelb regen uns an und stimmen uns froh und heiter. Dagegen hemmt Braun auf breiter Front unsere Gefühle. Zum anderen beeinflussen auch die Formen der Landschaft unsere Gemütsverfassung und unsere Fantasie: „Senkrechte Felswände, Abhänge und mächtige Bäume haben etwas Überwältigendes für die menschliche Seele" (Brönnle, 2006, 40ff.).

Beinahe alles – Steine, Pflanzen, Berge, Täler usw. – wird für uns zum Symbol, stellt der Landschaftsökologe Stefan Brönnle fest. So gibt es beispielsweise

in Gebirgslandschaften eine größere Anzahl von Sagengestalten als im Flachland. Wie intensiv Landschaften auf uns wirken und welchen Widerhall sie in unserem Gemüt haben, das können wir auch an den zum Teil sogar personifizierenden Charakterisierungen erkennen, mit denen wir sie beschreiben. Eine Landschaft ist so z. B. erhaben und überwältigend, friedlich, sanft und heiter, oder aber rau und unwirtlich.

In Gemälden früherer Jahrhunderte finden wir Landschaften als „Seelenbilder", als Bilder eines spirituellen Weges. Ähnlich ist es auch in der Dichtkunst, so etwa in Goethes „Gesang über den Wassern", in dem er die Seele mit dem Wasser vergleicht, das seinen Weg durch die Landschaft nimmt: „Des Menschen Seele gleicht dem Wasser, vom Himmel kommt es, zum Himmel geht es, und nieder muss es, ewig wechselnd ..."

In allen Zeiten und Kulturen haben Menschen in der Natur ihre eigene Spiritualität gefunden. Davon zeugen uralte Kulte, wie z. B. der Steinkult, der Wasserkult (heilige Quellen oder Flüsse) oder der Baumkult (heilige Haine oder Wälder), aber auch unsere christliche Wallfahrt, die die Heiligkeit des Weges und des Ortes symbolisiert.

Auch die Lebensgeschichte Jesu ist eng mit bestimmten Landschaften verbunden, wie etwa der Wüste (das vierzigtägige Fasten), dem Fluss (die Taufe im Jordan) und dem Berg. Letzteren finden wir an mehreren Stellen im Neuen Testament wieder, z. B. in der Bergpredigt, dem Berg der Versuchung, dem Ölberg oder dem Kalvarienberg (Brönnle, 2006, S. 123ff.).

❖ Schätze für uns Erwachsene ...

Für uns Erwachsene kann die Begegnung mit der Natur eine Quelle für Entspannung, Wohlgefühl, Bewegung, Kreativität und intensive Sinneswahrnehmungen werden.

Wann nehmen wir uns noch die Zeit, eine Schnecke zu beobachten und intensiv an Blumen zu riechen? Wie oft registrieren wir bei einem Spaziergang noch unterschiedliche Gräser und lauschen bewusst den unterschiedlichen Vogelstimmen? Wie oft gönnen wir uns noch Zeit in der Natur – Zeit, in der wir einfach da sein dürfen, ohne Ziel und Zweck? All dies können wir wieder entdecken, wenn wir uns gemeinsam mit unseren Kleinen auf die Spiritualität der Natur einlassen!

7. Leben ist mehr
Spiele zur Bildung der spirituellen Intelligenz

„Einen Augenblick lang öffnet sich ein Spalt ...,
und wir werden daran erinnert, dass es ein Leben gibt,
das größer ist als die kleinen Angelegenheiten der Menschen."
J. Cornell (1979)

Insbesondere für Kinder, aber nicht nur für sie, ist die intensive Naturerfahrung auch ein Weg, die eigene Spiritualität zu entwickeln. Wenn Kinder die Natur wahrnehmen, dann spüren sie auch, dass da mehr ist, als sie sehen. Sie fühlen und nehmen intensiv wahr, dass es ein Geheimnis gibt hinter den Geschöpfen der Natur. Sie entdecken den Kreislauf der Natur mit seinem Werden und Wachsen, Erblühen und Fruchtbringen, Vergehen und Sterben, Verwandeln und Neuwerden. Woher kommt die Blume? Wer hat sie gemacht? Auf diese Weise beginnt auch die religiöse Entwicklung schon im frühesten Kindesalter.

Oft können wir beobachten, wie Kinder alles um sich herum vergessen und nur für den Augenblick leben. Sie entdecken ihre Umwelt in vielen kleinen Wundern und empfinden so den Uranfang aller Religiosität: das Staunen. (vgl. Eder, 2002, S. 14ff.). Und Sofia Cavaletti, Katechetin aus der Montessori-Pädagogik, betont, dass Religion etwas ist, das man nicht lehren kann. Das Kind habe nur einen einzigen Lehrer, und der wohne in seinem Inneren. „Die Empfänglichkeit des Kindes gegenüber dem Religiösen scheint auf einer Ebene zu liegen, die tiefer als jeder erzieherische Eingriff ist" (Cavaletti, 2002, S. 297). Auch wenn der Stellenwert von Religion und Glaube heute für viele Erwachsene geringer ist als in früheren Zeiten, so findet doch die Mehrheit der Eltern – übrigens auch der nicht gläubigen –, dass eine religiöse Erziehung für ihre Kinder von Vorteil ist. Der Theologe Alfred Biesinger konstatiert allerdings, dass sich trotzdem viele Eltern, die ihre Kinder religiös erziehen, heute dafür verteidigen müssen und fordert: „Es muss wieder chic werden, Kinder religiös zu erziehen!" (Biesinger, Vortrag, 2007).

Wenn die Eltern selbst religiös sind, dann wachsen Kinder in eine Glaubensgemeinschaft hinein, hören von Gott, der sie beschützt und ihnen wohlgesonnen ist. Die Vorstellung von einem strafenden „Richtergott" dagegen – wie sie den Kindern früher oft nahegebracht wurde – kann, so haben Untersuchungen gezeigt, in Bezug auf die religiöse und die allgemeine psychische Entwicklung eines Kindes großen Schaden anrichten (Biesinger, Vortrag, 2007, S. 4).

Auch nicht religiöse Eltern können ihre Kinder mit Religion bekannt machen. Sie können ihnen zeigen, was man glauben kann und was andere glauben, auch wenn sie selbst nicht daran glauben. Sie können gemeinsam mit den Kindern Kirchen besuchen und Ritualgegenstände, wie Kerzen, Weihrauch oder das Kreuz

kennenlernen. Sie können auf die Fragen der Kinder mit einer offenen Gegenfrage antworten: „Vielleicht ist es wahr?" (Gilles-Bacciu, 2005, S. 15).

Eine religiöse Kommunikation zwischen Eltern und Kindern ist in allen Familien möglich. Wenn wir Kinder ganzheitlich fördern wollen, so betont der Theologe Friedrich Schweitzer, dann können wir nicht eine wichtige Dimension ihrer Persönlichkeitsentwicklung ganz außer Acht lassen (Schweitzer, 2007, S. 394)!

Kinder fragen ...

Urvertrauen, Sicherheit und Geborgenheit – für die Erfüllung dieser existenziellen Grundbedürfnisse sind im Kleinkindalter die Eltern zuständig. Aber schon bald tauchen Fragen auf, die hinter das Augenscheinliche zielen. Dann sind wir als Eltern oder Bezugspersonen neu gefragt, uns mit unseren Kindern gemeinsam auf die Suche nach einer Antwort zu begeben. Kinderfragen nach Fakten können wir oft leichter beantworten als Fragen nach dem Sinn und philosophische Fragen im weiteren Sinne. Und bei manchen Fragen befinden wir uns auf einer ähnlichen Ebene wie die Kinder. Beobachtungen und neuere Studien zeigen, dass Kinder sich als „Gottessucher" nicht so sehr von Erwachsenen unterscheiden, wie bisher angenommen wurde. Wenn wir auf eine Frage der Kinder keine Antwort wissen, dann kann es hilfreich sein, diese Frage einfach zurückzugeben: „Was meinst Du?" Oft finden die Kinder dann selbst eine Antwort, die in ihr kindliches Welt- und Gottesbild passt.

Kinder hinterfragen die Selbstverständlichkeit, die wir unserem Dasein oft geben, und führen uns wieder zum Staunen zurück: „Wer macht die Tage, und wann sind sie alle?", „Wenn ich tot bin, bin ich dann noch ganz?" (Biesinger, 2007, S. 27).

Manchmal entdecken kleine Kinder eine verwelkte Blume oder einen toten Vogel. Der Tod ist für sie noch nichts, wovor sie sich fürchten, sie kennen ihn nicht. Für sie ist er eine andere Form des Seins. Fragen wie: „Wo ist der Opa jetzt?" oder ob das Mehrschweinchen im Himmel auch sein Essen bekommt, bringen uns Erwachsene leicht in Erklärungsnot. Max Frisch hat diesen unkomplizierten kindlichen Zugang zum Thema „Tod" in folgende Zeilen gefasst:

Vom Sterben

Heute fragt Ursel, unsere Sechsjährige,
mitten aus dem Spiel heraus, ob ich gerne sterbe.
„Alle Leute müssen sterben", sage ich hinter meiner Zeitung.
„Aber gern stirbt niemand."
Sie besinnt sich.
„Ich sterbe gerne!"
„Jetzt?" sage ich: „Wirklich?"
„Jetzt nicht, nein, jetzt nicht –."

Ich lasse die Zeitung etwas sinken, um sie zu sehen, sie sitzt
am Tisch, mischt Wasserfarben.
„Aber später", sagt sie und malt mit stiller Lust.
„Später sterbe ich gerne."

Max Frisch © Suhrkamp Verlag Frankfurt a.M. 1950

Warum Kinder einen „lieben Gott" brauchen

Kinder haben ein Gespür dafür, dass es noch jemand geben muss, der sie, die Tiere
und die Pflanzen beschützt. Sie fühlen sich als Teil der Schöpfung, die sie umgibt.
Der Hirnforscher Gerald Hüther betont, dass eine positive Gehirnentwicklung bei
Kindern auch davon abhängt, ob sie Vertrauen dahingehend ausbilden können,
„dass am Ende alles gut wird" – auch wenn es zwischenzeitlich turbulent und irri-
tierend für ihre kleinen Köpfe wird. Es hat für Kinder etwas ungemein Tröstliches,
so berichtet er, wenn sie erfahren dürfen, dass es außer den Eltern noch jemand
gibt, der dafür sorgt, dass „alles gut" wird (Hüther, 2006, Vortrag). Auch Kinder erfahren bereits Angst und Hoffnung, Geborgenheit und Verlassensein. Diese Erfahrungen bilden einen Resonanzboden für spätere Formen von Religiosität (Schweitzer, 2007, S. 394). Das für ihre Entwicklung nötige Vertrauen wird ihnen zum einen
durch ihre Eltern ermöglicht und zum anderen durch den Glauben an eine höhere
Macht, den „lieben Gott", wie er oft genannt wird. Daher beten Kinder auch gerne
zum „lieben Gott" oder fühlen sich durch die Existenz eines „Schutzengels" bei
allem, was sie unternehmen, beschützt. Kindgemäßes Beten bedeutet für Kinder
nicht nur vertraut werden mit Gott, sondern auch die Erfahrung, sich zu konzentrieren und zu sammeln – die Grundbedingungen allen Lernens.

Vertrauen in das Leben auf der einen Seite und Neugier und Staunen über die
Schöpfung auf der anderen Seite führen zum aktiven Suchen und Entdecken – und
damit auch zu neuen Verschaltungen im Gehirn. „Die mystische Erfahrung eines
religiösen Geistes ist nicht gleichgültig für den Bauplan des Gehirns, nicht be-
langlos für dessen reichhaltige Entfaltungsmöglichkeiten", folgert der Publizist
Johannes Röser (Röser, 2005, S. 39). Gerade die religiöse Aufmerksamkeit und die
Bindung an eine Glaubensgemeinschaft – zuerst in der eigenen Familie – beförde-
re eine hohe Hirnzellenaktivität, das „elektrische Feuern" der Neuronen und deren
stetige neue Verknüpfung.

Das Ziel, Vertrauen in das Leben auszubilden, verfolgen im Übrigen auch unsere Volksmärchen, die zeigen, dass, welcher Gefahr auch immer wir uns aussetzen,
am Ende das Gute siegt.

Kinder haben ein Recht auf Religion

Religiöse Erziehung ist auch Werteerziehung, und diese geschieht nicht in einem
wertfreien Raum. Kinder lernen Werte nicht in isolierter Form, z. B. im Religions-
unterricht, kennen, sondern im gemeinsamen Leben und Handeln, betont der

Theologe Friedrich Schweitzer (Schweitzer, 2006, S. 5). Kinder wollen lernen, was gut und böse ist, wie sie sich verhalten sollen, wie sie in eine Gemeinschaft hineinwachsen können.

1989 verabschiedeten die Vereinten Nationen eine Kinderrechtskonvention, die in Deutschland erst 1992 Gesetzeskraft erlangte. In Artikel 27 der deutschen Version dieser Konvention hat sich interessanterweise ein sinnentstellender Übersetzungsfehler eingeschlichen: Während im englischen Original von „spiritual development" die Rede ist, und damit vom Recht des Kindes auf Spiritualität und religiöse Entfaltung, wurde dieser Begriff im Deutschen mit „seelische Entwicklung" übersetzt und damit abgeschwächt. Der Artikel lautet demnach hier: „Die Vertragsstaaten erkennen das Recht jeden Kindes auf einen seiner körperlichen, geistigen, seelischen, sittlichen und sozialen Entwicklung angemessenen Lebensstandard an." (zitiert nach Röser, 2005, S. 58). Die Aussage des Originaltextes ist aber zweifelsfrei: Kinder haben ein Menschenrecht auf Religion! Daher fordert Friedrich Schweitzer für Kinder ein Recht auf Religion ein, „denn Kinder wollen nicht nur wissen, wo die Brötchen herkommen und was mit dem Müll passiert – sie wollen auch wissen, wer oder was Gott eigentlich sei ..." (Schweitzer, 2006, S. 6).

Wie spirituelle Intelligenz die Entwicklung unserer Kinder unterstützt
Spirituelle Erfahrungen in der Natur, mit religiösen Festen oder mit Ritualen tragen dazu bei, dass Kinder die Kompetenz entwickeln, Schwierigkeiten leichter zu überwinden und ihr Leben in der Gewissheit in die Hand zu nehmen, dass sie nie alleine sind.

Kinder mit diesen existenziellen Kompetenzen verfügen über eine hohe intuitive Wahrnehmungsfähigkeit. Sie beschäftigen sich auch später mit religiösen Fragen und sind offen für Theorien und Vorstellungen im spirituellen Bereich, die nicht eindeutig wissenschaftlich nachgewiesen werden können.

A Die Feste im christlichen Jahreskreis

„Denn wo zwei oder drei in meinem Namen beisammen sind,
da bin ich mitten unter ihnen."
(Mt 18,20)

Über den christlichen Jahreskreis mit seinen Festen, Bräuchen und Riten finden viele Eltern mit ihren Kindern wieder einen unkomplizierten und unbelasteten Zugang zu religiösen Inhalten – auch, wenn er ihnen bereits fremd geworden war.

Ostern, Erntedank, St. Martin, die Adventszeit und Weihnachten – all das sind die religiösen Gelegenheiten, die uns oft noch aus unserer eigenen Kindheit ver-

traut sind. Diese Feste können wir mit unseren Kindern vorbereiten und feiern. Sie geben dem Leben Höhepunkte, teilen unser Jahr ein und begleiten die Jahreszeiten. „Unser Leben sei ein Fest", heißt es in einem Kirchenlied. Ein Fest hebt uns aus dem Alltag, es unterbricht unseren geregelten Ablauf. Etwas feiern können wir notfalls auch alleine, aber ein Fest feiern geht nur mit mehreren zusammen (Hoffmann, 2007, S. 9). Durch das gemeinschaftliche Vorbereiten und Feiern öffnen wir die Türe für gemeinsame, glückliche Erfahrungen und spätere Erinnerungsmomente für unsere Kinder!

Ostern

An Ostern, dem höchsten Fest im Kirchenjahr, feiern wir die Auferstehung Jesu. Zur Osterzeit gehört auch die am Aschermittwoch beginnende vierzigtägige Fastenzeit, eine Phase der Buße und Umkehr. Vielen Familien ist dieser Hintergrund nicht mehr bekannt, wenn auch das Fasten aus anderen Gründen wieder in Mode gekommen ist. Im Folgenden möchte ich einige christliche Osterbräuche vorstellen:

Osterkerze
Die Osterkerze finden wir in jedem Kirchenraum. Neben einer bildlichen Darstellung sind auf ihr das Alpha und Omega (für Anfang und Ende) und die aktuelle Jahreszahl zu sehen. Sie symbolisiert mit ihrem Licht den über Tod und Sterben siegenden Jesus.

Auch in den Familien haben wir Osterkerzen. Es gibt sie im Fachhandel zu kaufen, aber wir können sie auch selber basteln. Auf eine weiße Stumpenkerze bringen wir ein Kreuz (ausgeschnitten aus einer Wachsplatte) an und verzieren sie mit den Kindern gemeinsam je nach Geschmack mit Formen aus Wachs (Fisch, Brot, etc.). Sie wird in der Kirche geweiht und ziert unseren österlichen Tisch.

Osterfeuer
Mit einer Kerze oder Laterne, die bei der Feier der Osternacht in der Kirche angezündet wurde, wird geweihtes Feuer nach Hause getragen. Es soll das „heimische Feuer" segnen.

Osterwasser
Das Wasser wird ebenfalls in der Osternacht geweiht, mit nach Hause genommen und in ein kleines Schälchen gegossen. Es soll das „Wasser des Lebens" versinnbildlichen: Alles lebt vom Wasser. Dieses an Ostern geweihte Wasser ist auch das Taufwasser, mit dem die neugeborenen Kinder in der Gemeinde während des Jahres getauft werden. Der Ostersonntag ist daher für zahlreiche Familien mit Babys auch der Tauftag, da er durch die Auferstehung Christi „neues Leben" bedeutet.

Osterlamm

In vielen Familien gehört zur österlichen Vorbereitung das Backen eines Oster-
lamms. Backformen gibt es im Fachhandel. Bei der Zubereitung (Rührteig mit
Nüssen) können auch kleine Kinder schon „mitmischen". Mit einem Glöckchen
um den Hals und einer Osterfahne (gibt es in Bäckereien) auf dem Rücken haben
wir ein prächtiges Lamm für unser Osterkörbchen!

Osterkorb

Mit dem Osterkorb nehmen wir im Ostergottesdienst an der Speisenweihe teil. Er
enthält traditionell das gebackene Osterlamm (oder ein Hefegebäck, z. B. Hefe-
kranz, Osterfladen), Schinken, Brot, Salz und violett gefärbte Eier. Die geweihten
Eierschalen werden später zerkleinert im Gemüsegarten verstreut.

Das Osterfest

An Ostern feiern nahezu alle Familien mit kleinen Kindern – ob religiös orientiert
oder nicht – ein Fest, suchen Ostereier oder gestalten ein Osternest mit bunten
Eiern und Hasen.

Was es mit den Ostereiern und den Osterhasen auf sich hat

Eier und Hasen sind Fruchtbarkeitssymbole. Aus den Eiern schlüpfen im Frühjahr
Küken oder kleine Vögel. Der Hase bekommt im März seine ersten Jungen und,
da er das ganze Jahr über fruchtbar ist, gilt er ebenfalls als Fruchtbarkeitssymbol.
An Ostern, dem Fest der Auferstehung Christi und der Erneuerung der Natur im
Frühjahr, haben diese Symbole seit alters her Eingang in unser Brauchtum gefun-
den. So ist der Osterhase bereits seit 400 Jahren als Eierbringer und Sinnbild des
Lebens bekannt.

Mit der Vorbereitung des Osterfestes erhöhen wir die Vorfreude auf das kom-
mende Fest und stimmen uns gemeinsam darauf ein.

Ostereier, transparent und bunt

Material:
- Transparentpapier in unterschiedlichen Farben
- ausgeblasene Ostereier
- Kleister

Die Kinder reißen zunächst die Transparentpapiere in kleine Schnipsel. Dann werden die ausgeblasenen Ostereier mit Kleister bestrichen und die Papierschnipsel
kreuz und quer in allen vorhandenen Farben daraufgeklebt. Es können auch mehrere Schichten übereinander geklebt werden. Besonders schön sind die Farbeffek-
te, wenn sich Teile der Farbschnipsel überlappen.

Unsere bunten Eier können wir an einen Osterstrauch hängen, und unsere Kinder lernen, wie vorsichtig und zart man mit zerbrechlichen Dingen wie Eiern umgehen muss. Und wenn mal ein Ei bei den ersten Versuchen zerbricht, passiert nichts – wir machen einfach ein neues und haben wieder etwas dazugelernt! Tipp: Mit einem Strohhalm geht das Ausblasen der Ostereier leichter und ist auch hygienischer als mit dem bloßen Mund.

Gräser-Eier

Material:
- kleine Blätter, Gräser und kleine Blumen, z. B. von einer Wiese
- bunte Eierfarbe
- Kleister
- ausgeblasene Eier

Auf einem Spaziergang lassen wir die Kinder Blätter, Gräser und kleine Blumen (z. B. Gänseblümchen) sammeln. Diese pressen wir in ein dickes Buch (z. B. ein Telefonbuch) und lassen sie ein paar Tage trocknen.

Die ausgeblasenen Eier werden zunächst in bunte Eierfarbe getaucht. Nach dem Trocknen kleben wir dann unsere getrockneten Gräser, Blätter und Blumen auf. Wenn man noch eine Schicht Kleister darüberpinselt, werden unsere kleinen Kunstwerke noch zusätzlich fixiert.

Wir können unsere Gräser aber auch „in natura", also ungetrocknet aufkleben – für die Ostertage hält es allemal.

Kunterbunte Ostereier

Material:
- Fingerfarbe
- ausgeblasene Eier

Das ausgeblasene Ei wird auf einem Stäbchen aus Holz oder Metall (z. B. einen Schaschlikstab oder ein Mikado-Stäbchen) zwischen zwei Kork- oder Styroporstücken festgesteckt. Mit der einen Hand kann das Kind jetzt das Stäbchen senkrecht halten, ohne dass das Ei rutscht und mit den Fingern der anderen Hand bemalt es das Ei mit Fingerfarbe. Tipp bei „Bruch-Eiern": Die gebrochenen Eierschalen zerkleinern (z. B. mit einem Nudelholz) und als bunte Splitter auf das nächste Ei oder ein Osterbild kleben.

Wenn wir unsere selbst verzierten Ostereier Jahr für Jahr wieder an den Strauch hängen und jedes Jahr neue Ostereier hinzukommen, dann haben die Kinder genauso wie wir Freude an unserer wachsenden Sammlung und eine Erinnerung an die vergangenen Osterfeste!

Osternest im Freien – aus Naturmaterial

Material:

- biegsame Haselnuss- oder Weidenstecken
- Moos

Für diese Bastelei brauchen wir einen Platz im Freien. Dort stecken wir die Haselnuss- oder Weidenstecken in halbkreisförmigen Bögen hintereinander in den Boden, sodass sie wie die „Sparren" eines kleinen Gewölbes aussehen. Dabei werden unsere Halbkreise nach hinten hin immer niedriger. Den Boden innerhalb unseres Nestes bedecken wir mit Moos, das Gerüst selbst ebenfalls. Hoffentlich kommt der Osterhase bald und findet unser Nest!

Lebendiges Osternest

Material:

- eine Schale mit Erde
- Getreidekörner bzw. Gras- oder Kressesamen

Für unser „lebendiges Osternest" säen wir zwei Wochen vor Ostern Getreidekörner, Gras- oder Kressesamen in eine Schale mit Erde. Bald darauf erleben wir die österliche Wandlungsgeschichte: Aus der toten Erde entsteht unser grünes Nest.

Osternester aus Hefeteig

Aus einem Hefeteig zwei Rollen formen, die wie ein Zopf miteinander verflochten werden. Dann den Zopf teilen und aus den Stücken kleine Kränze formen, die ein Ei in der Mitte umschließen. Mit dem rohen Ei in der Mitte 20-25 Minuten bei etwa 200 °C backen. Für den Ostertisch ersetzen wir das mitgebackene Ei durch ein buntes Osterei oder verzieren das gebackene Ei, z. B. mit einem lustigen Gesicht.

Mein Vater kaufte sich ein Haus. *überliefert*

Mein Vater kaufte sich ein Haus.
An dem Haus, da war ein Garten,
in dem Garten war ein Baum,
in dem Baum, da war ein Nest,
in dem Nest, da war ein Ei,
in dem Ei, da war ein Dotter,
in dem Dotter war ein Osterhase.
Pass auf, der beißt dich in die Nase!

Mit der letzten Zeile die Nasenspitze der Kinder leicht zupfen.

Eierschieben

Material:

- ein Stuhl oder ein Hocker
- zwei runde, lange Hölzer (z. B. Stiele von Besen oder Schrubbern)
- Ostereier
- Cent-Münzen

Ein Osterspiel im Freien für die ganze Familie: Zunächst werden die Holzstiele mit einem Ende auf dem Stuhl und mit dem anderen auf dem Boden (am besten eine Wiese) abgelegt, sodass eine schiefe Ebene entsteht. Dabei müssen die beiden Stiele eng aneinanderliegen.

Auf dieser schiefen Ebene lassen wir nun Ostereier nach unten rollen. Sobald das Ei zum Stillstand gekommen ist, legt der Besitzer des Eis ein Geldstück darauf (z. B. ein Cent). Jeder Mitspieler versucht nun, mit seinem Ei das liegende Ei eines anderen zu treffen, sodass dessen Geldstück herunterfällt. Derjenige, dem dies gelingt, darf die Münze behalten. Sieger ist, wer am Ende die meisten Cent-Stücke hat.

Und am Abend gibt es mit den angeschlagenen Eiern einen leckeren Eiersalat:

Eiersalat

Zutaten:

- vier oder mehr gekochte Eier
- eine Dose Erbsen
- leichte Mayonnaise
- Salz und Pfeffer
- Zitronensaft

Die gekochten Eier achteln, salzen, leicht pfeffern und dann in eine Schüssel geben. Die Erbsen, Mayonnaise und ein wenig Zitronensaft dazugeben und dann alles vorsichtig unterheben. So schmecken uns unsere „kaputten" Ostereier!

Ei-Picken

Ein traditionelles Osterspiel, das seit vielen Generationen praktiziert wird: Ein Kind hält sein Osterei mit der Spitze zu seinem Spielpartner hin, und dieser schlägt mit der Spitze seines Eis dagegen. Welches Ei ist danach angeschlagen? Dasselbe können wir natürlich auch mit der runden Seite des Eis machen. Man sollte darauf achten, dass immer abwechselnd einer mit seinem Ei schlagen darf und der andere sein Ei dabei stillhält.

Das Erntedankfest

Im Herbst, wenn alle Früchte reifen, feiern wir Erntedank. Damit sagen wir Danke für die Früchte aus Feld, Garten und Wald, die uns jedes Jahr aufs Neue geschenkt werden. Das Erntedankfest wird bereits seit dem 3. Jahrhundert gefeiert!

Unser Erntedank-Korb

Wir legen die unterschiedlichsten Früchte und Gemüsesorten in einen Korb und stellen ihn auf den Esstisch oder an einen besonderen Platz in der Wohnung. Allein die Farbenvielfalt in diesem Korb ist schon ein „Augenschmaus"!

Geschmacksmemo-Spiel

Verschiedene Obstsorten werden in mundgerechte Stücke geschnitten und jeweils eine ganze Frucht in einen Korb gelegt, der mit einem Tuch bedeckt ist. Kinder und Erwachsene dürfen nun (mit verbundenen oder geschlossenen Augen) erschmecken und im zugedeckten Korb erfühlen, welche Früchte und welcher Geschmack zusammengehören. Variante: Anstelle von Fruchtstücken kann dieses Spiel auch mit Fruchtsäften und Früchten durchgeführt werden.

Ein Tischgebet

Und für dich	*Auf jemand anderen am Tisch zeigen,*
und für mich	*auf sich selbst zeigen,*
ist der Tisch nun gedeckt.	*mit der flachen Hand neben dem Teller auf den Tisch klopfen,*
Hab' Dank, lieber Gott,	*die Unterarme und die geöffneten Hände nach oben halten,*
wenn es uns gleich schmeckt! Amen	*mit der Hand den Bauch reiben.*

St. Martin

Martin wurde 316/317 in Pannonien, im heutigen Ungarn geboren, wuchs in Pavia (Oberitalien) auf. Er wurde mit 18 Jahren getauft, war Missionar und Einsiedler und wurde 371 zum Bischof von Tours geweiht. Er starb 397 und wird als erster Nichtmärtyrer als Heiliger verehrt.

Die Grundbotschaft unserer Martinslegende heute ist für unsere Kinder das Teilen – Martin teilt seinen Mantel mit einem Bettler – und diese Botschaft verstehen schon unsere Kleinsten. In Eltern-Kind-Gruppen und in kirchlichen Kindergärten gehört die Martinsfeier daher zum festen Repertoire im Jahresablauf. Aber auch zu Hause können wir eine kleine, kindgemäße Martinsfeier gestalten.

Unsere Martinsfeier

Material:
- Teelichter
- Lebkuchen oder Martinsgänse
- Holz- oder Legobausteine
- ein Spielzeugpferd mit Reiter
- ein Spielzeugmännchen
- ein kleines Stückchen Stoff
- ein großes, farbiges Tuch
- Steine, Blätter, Zweige, Tannenzapfen etc.

Zur Vorbereitung unserer Martinsfeier sammeln wir am Nachmittag oder bereits am Vortag draußen Steine, Blätter, Zweige, Tannenzapfen etc. Am Abend des Martinstages bauen wir dann aus Holz- oder Legobausteinen ein Tor. Dann holen wir uns das Spielzeugpferd mit dem Reiter und knüpfen diesem das Stoffstückchen als Umhang um.

Zum Schluss legen wir ein farbiges Tuch auf dem Boden aus, stellen unser Tor darauf, setzen das Spielzeugmännchen (d. h. den Bettler) an das Tor und gestalten mit Steinen, Blättern, Tannenzapfen und Zweigen eine Landschaft. Um diese Landschaft reihen wir im Kreis Teelichter auf.

Nun kann unsere Martinsfeier beginnen: Wir zünden die Teelichter an und drehen das Licht im Zimmer ab. Dann erzählen wir die Geschichte von St. Martin:

„Martin ist ein Soldat, er hat ein schönes Pferd und einen warmen, schönen Mantel. Er reitet durch den Wald und über die Wiese und kommt dann zu einer Stadt. Am Stadttor sitzt ein armer Bettler, der friert und bittet: ‚Hab' Erbarmen mit mir'. Da Martin nichts anderes als seinen Mantel hat, schneidet er ihn mit seinem Schwert entzwei und gibt dem armen Mann die Hälfte seines Mantels, sodass der sich wärmen kann. Der Bettler bedankt sich bei Martin, doch Martin reitet schnell weiter. So hat der halbe Mantel dem armen Bettler geholfen, und beide haben es warm gehabt in dieser kalten Zeit."

Während wir diese Geschichte erzählen, lassen wir unser Pferd mit der Martinsfigur durch unsere Landschaft reiten. Beim Bettler am Tor angekommen, zerreißen wir Martins Mantel (d. h. das Stückchen Stoff) und legen die eine Hälfte um den Bettler. Danach lassen wir Martin weiterreiten.

Zum Abschluss singen wir das Martinslied:

Sankt Martin ritt durch Schnee und Wind   Volkslied aus dem Rheinland

1. Sankt Mar-tin, Sankt Mar-tin, Sankt Mar-tin ritt durch Schnee und Wind, sein Ross, das trug ihn fort ge-schwind. Sankt Mar-tin ritt mit leich-tem Mut, sein Man-tel deckt ihn warm und gut.

2. Im Schnee saß, im Schnee saß,
   im Schnee, da saß ein armer Mann,
   hatt' Kleider nicht, hatt' Lumpen an.
   „O helft mit doch in meiner Not,
   sonst ist der bitt're Frost mein Tod!"

3. Sankt Martin, Sankt Martin,
   Sankt Martin zieht die Zügel an,
   das Ross steht still beim armen Mann.
   Sankt Martin mit dem Schwerte teilt
   den warmen Mantel unverweilt.

4. Sankt Martin, Sankt Martin,
   Sankt Martin gibt den halben still,
   der Bettler rasch ihm danken will.
   Sankt Martin aber ritt in Eil'
   hinweg mit seinem Mantelteil.

5. Im Traum sah, im Traum sah,
   im Traum sah er ein glänzend Licht,
   dazu ihm eine Stimme spricht:
   „Hab' Dank, du lieber Reitersmann,
   was du für meinen Sohn getan!"

Und wenn wir eine Laterne haben, dann können wir auch noch folgendes Laternenlied singen:

Ich geh mit meiner Laterne

aus Holstein

1. Ich geh mit mei-ner La-ter - ne und mei-ne La-
Dort o - ben leuch-ten die Ster - ne und un-ten, da

ter - ne mit mir. Ein Lich - ter - meer zu
leuch - ten wir.

Mar - tins Ehr! Ra - bim-mel, ra - bam-mel, ra - bumm.

2. Ich geh' mit meiner Laterne ...
Der Martinsmann, der zieht voran.
Rabimmel, rabammel, rabumm.

3. Ich geh' mit meiner Laterne ...
Wie schön, das klingt, wenn jeder singt.
Rabimmel, rabammel, rabumm.

4. Ich geh' mit meiner Laterne ...
Ein Kuchenduft liegt in der Luft.
Rabimmel, rabammel, rabumm.

5. Ich geh' mit meiner Laterne ...
Beschenkt uns heut, ihr lieben Leut'.
Rabimmel, rabammel, rabumm.

6. Ich geh' mit meiner Laterne ...
Mein Licht ist aus, ich geh' nach Haus.
Rabimmel, rabammel, rabumm.

Dann teilen wir – wie Martin seinen Mantel – einen oder mehrere Lebkuchen oder unsere selbst gebackenen Martinsgänse untereinander. Dieses Teilen und das damit an jemanden anderen etwas Abgeben ist auch für kleine Kinder ein beeindruckendes Ritual, mit dem wir unsere Martinsfeier beenden.

Martinsgänse

Zutaten:

- 200 g Magerquark
- 6 EL Milch
- 6 EL Öl
- 80 g Zucker
- 1 TL Salz
- 300 g Mehl
- 1 Päckchen Backpulver
- Eigelb
- Rosinen

Den Quark mit Milch, Zucker, Salz und Öl gut verrühren, Mehl und Backpulver vermischen und dazugeben, alles gut durchkneten. Aus dem ausgewalzten Teig mit einem Messer Teigstücke in Gänseform ausschneiden (dies sollten aus Sicherheitsgründen nur die Erwachsenen machen), mit Eigelb bepinseln, als Auge eine Rosine eindrücken und bei 200 °C ca. 20 – 25 Minuten backen. Unsere Kinder haben sicherlich viel Freude, beim Backen ihrer Martinsgänse mitzuhelfen! Tipp: Man kann auch aus Pappkarton Gänseschablonen – evtl. in verschiedenen Größen – ausschneiden, entlang derer man dann den Teig aussticht; damit werden unsere Martinsgänse besonders schön.

Advent, Advent...

Advent, Advent   *überliefert*

Advent, Advent,
ein Lichtlein brennt.
Erst eins, dann zwei,
dann drei, dann vier,
dann steht das Christkind vor der Tür.

Die Vorweihnachtszeit ist die Zeit der Dunkelheit, die Tage werden kürzer. Wir können die Adventzeit als Zeit der Besinnung und Ruhe nutzen, wenn es uns gelingt, uns der vorweihnachtlichen Hektik zu entziehen.

Die Adventzeit ist zudem eine Zeit, in der wir mit unseren Kindern Wundervolles erleben können. Advent heißt Ankunft; wir warten also auf die Ankunft von Jesus. Das können wir auch schon kleinen Kindern vermitteln.

Wenn wir abends eine Kerze anzünden, wärmt uns ihre Flamme und verbreitet eine friedvolle Atmosphäre. Mit einem Adventskranz oder einigen Zweigen mit vier Kerzen können unsere Kinder mit Spannung verfolgen, wie jede Woche Weihnachten näher rückt und damit ein neues Licht entzündet wird. Weil der Advent eine Zeit des Wartens ist, sollten wir seine charakteristischen Elemente auch nicht vorwegnehmen: D. h., wir sollten z. B. Lebkuchen erst im Dezember essen und uns die Weihnachtsplätzchen für die Weihnachtszeit reservieren. Andernfalls nehmen wir uns einen Teil der Vorfreude auf dieses Fest.

Welche Bedeutung haben der Adventkranz, seine Bänder und Kerzen?

Der Adventkranz hat aufgrund seiner Kreisform keinen Anfang und kein Ende und ist ein Symbol dafür, dass Gott immer war und auch sein wird. Seine grünen Zweige zeigen uns in der dunklen Jahreszeit, dass im Frühling wieder neues Leben entstehen wird. Sie sind damit auch ein Zeichen der Hoffnung, dass Jesus bald kommen wird. Die roten Bänder gelten als Sinnbild für Lebensfreude und für die

Liebe Gottes. Und die honiggelben Kerzen sollen uns an die Herrlichkeit Gottes erinnern.

Wenn wir ein adventliches Lied singen und dabei eine oder mehrere Kerzen anzünden, dann haben wir bereits eine kleine Adventfeier:

Wir sagen Euch an den lieben Advent

Text: Maria Ferschl (1954) , Musik: Heinrich Rohr (1954)
© Verlag Herder, Freiburg

1. Wir sa - gen euch an den lie - ben Ad - vent.
   Wir sa - gen euch an eine hei - li - ge Zeit.

Se - het die ers - te Ker - ze brennt.
Ma - chet dem Herrn die Wege be - reit.

Freut euch, ihr Chris - ten, freu - et euch sehr!

Schon ist na - he der Herr.

2. Wir sagen euch an den lieben Advent.
   Sehet, die zweite Kerze brennt.
   So nehmet euch eins ums andere an,
   wie auch der Herr an uns getan.

3. Wir sagen euch an den lieben Advent,
   sehet, die dritte Kerze brennt.
   Nun tragt euer Güte hellen Schein
   weit in die dunkle Welt hinein.

4. Wir sagen euch an den lieben Advent,
   sehet, die vierte Kerze brennt.
   Gott selber wird kommen, er zögert nicht.
   Auf, auf ihr Herzen und werdet Licht.

Bei diesem Lied singen wir jede Woche eine Strophe mehr und zünden dazu eine Kerze mehr an unserem Adventskranz an.

Der Adventskalender

Der Adventskalender erleichtert das Warten auf Weihnachten und ist bei „Groß und Klein" beliebt! Adventskalender gibt es in vielen Variationen käuflich zu erwerben. Besonders schön und für unsere kleinen Kinder völlig ausreichend sind einfache Kalender mit Silberstaub und Türchen zum Aufmachen, hinter denen kleine Bildchen mit einfachen Darstellungen zu sehen sind (z. B. ein Apfel, eine Kerze usw.). Einen Adventskalender können wir uns aber auch selber basteln. Hier einige Anregungen:

Adventszweig
An einen Zweig werden 24 kleine Päckchen gehängt, die mit kleinen Geschenken, z. B. mit einer Murmel o. Ä., gefüllt sind – wie beim Adventskalender darf jeden Tag eines dieser Päckchen geöffnet werden.

Adventstüre
Wir teilen eine Holz- oder Glastür im Haus in 24 Felder ein. Jeden Tag im Advent gestalten wir eines dieser Felder mit Glasmalfarbe oder Klebsternen, oder wir hängen mit einem Klebstreifen leichte Basteleien (z. B. Strohsterne) daran. Auf diese Weise haben wir am Heiligen Abend eine festlich geschmückte Tür!

Der Barbarazweig
Am 4. Dezember, dem Namenstag der heiligen Barbara, schneiden wir einen Kirschzweig ab und stellen ihn in warmes Wasser. An Weihnachten können wir dann einen blühenden Ast bestaunen. Er soll für uns ein Zeichen sein, dass die Dunkelheit vergeht und es wieder Frühling wird. Zudem zeigt uns der Barbarazweig, dass in einem scheinbar toten Ast wunderbares Leben (in Form von Blüten) steckt!

Der Nikolaustag
Nikolaus war im 4. Jahrhundert Bischof der Stadt Myra (Kleinasien) an der Südküste der heutigen Türkei. Zahlreiche Legenden zeigen ihn als tatkräftigen und mutigen Helfer in der Not und als besonderen Freund armer Kinder (vgl. „Komm wir feiern den Tag", 2007)

In vielen Familien hat die Nikolausfeier nach wie vor ihren festen Platz; entweder am Vorabend des Nikolaustages, am 5. Dezember, oder am Nikolaustag selbst, also am 6. Dezember. Die Furcht einflößenden Nikoläuse von früher sind heute meist einer gütigeren Gestalt gewichen. Und Kinder in Angst und Schrecken zu versetzen, das war sicher nicht die Absicht eines Heiligen!

Wir können den Nikolaustag auch ohne einen „echten" Nikolaus feiern, und zwar, indem wir einen „Nikolausteller", ein kleines Säckchen oder einen Stiefel (gefüllt mit Lebkuchen, Mandarinen, Äpfeln, Nüssen – und einem Nikolaus) vor die Türe stellen. Nach einem Nikolauslied dürfen die Kinder nachsehen, ob der Nikolaus da war, und ihre Schätze von draußen hereinholen. Auch hier zaubern wir mit Gedichten, Liedern und Kerzen eine schöne Atmosphäre. Wichtig ist auf jeden Fall eines: den Nikolaus nicht mit dem amerikanischen Weihnachtsmann verwechseln!

Hier noch zwei traditionsreiche Nikolauslieder:

Lasst uns froh und munter sein   Text u. Musik: trad.

1. Lasst uns froh und munter sein und uns recht von Herzen freun! Lustig, lustig, tralleralera, bald ist Niklausabend da, bald ist Niklausabend da.

2. Dann stell' ich den Teller auf,
   Niklaus legt gewiss was drauf.
   Lustig, lustig, trallerallera,
   bald ist Niklausabend da!

3. Wenn ich schlaf', dann träume ich:
   Jetzt bringt Niklaus was für mich.
   Lustig, lustig, trallerallera,
   bald ist Niklausabend da!

4. Wenn ich aufgestanden bin,
   lauf' ich schnell zum Teller hin.
   Lustig, lustig, trallerallera,
   nun war Niklausabend da!

5. Niklaus ist ein guter Mann,
   dem man nicht genug danken kann.
   Lustig, lustig, trallerallera,
   nun war Niklausabend da!

Nikolo, bum, bum

Text u. Musik: trad.

Ni - ko - lo bum, bum, da Ni - ko - lo geht um.

Drau - ßn is scho hu - schal koit, da Ni - ko - lo, der kimmt scho boid und

kehrt bei uns gwiß ei, drum müaß ma recht brav sei.

2. Nikolo ...
   Macht's eahm auf, er klopft scho o,
   mir grüaßn di, du heiliger Mo.
   Kimm eina glei ins Haus,
   und laar dei Sackerl aus!

3. Nikolo ...
   Sogn ma da a Sprücherl auf,
   a Liadl sing ma da no drauf.
   Lass fei koa Ruatn do,
   Du liaba Nikolo!

4. Nikolo ...
   Äpfi, Birn und Mandelkern
   und Zuckerzipfi mögn ma gern.
   Muasst heit no so weit geh,
   mia dank ma da recht schee!

Das Fest der heiligen Lucia

Der Namenstag der heiligen Lucia wird am 13. Dezember gefeiert. In Schweden wird sie als „Lichterkönigin" verehrt. Mädchen in weißen Gewändern und einer Lichterkrone auf dem Kopf gehen zu alten und kranken Mensch und bringen ihnen Gaben. Diese Tradition geht darauf zurück, dass Lucia zur Zeit der Christenverfolgung um das Jahr 300 in Syrakus auf Sizilien Essen in die Verstecke der Verfolgten brachte und sich um die Not leidenden Christen kümmerte. Mit dem Lichterkranz, dem Kranz aus Kerzen auf dem Kopf, fand sie ihren Weg in der Dunkelheit und konnte dadurch mit beiden Händen mehr Gaben tragen. Sie wurde später für ihren Glauben hingerichtet. Auch am Fest der heiligen Lucia können wir Vorbereitungen für das Weihnachtsfest treffen.

Luciaweizen

Material:

- ein tiefer Teller oder eine flache Schale
- Blumenerde
- Weizenkörner
- eine verzierte Kerze

Auf einen Teller mit Blumenerde werden Weizenkörner gesät und immer feucht gehalten. Bald sehen wir die ersten zarten Spitzen aus der Erde sprießen, die langsam wachsen und bis Weihnachten ein kleines, grünes Getreidefeld bilden. In die Mitte dieses Feldes stellen wir eine schöne, verzierte „Luciakerze". Der Luciaweizen führt uns vor Augen: Nach dem kalten Winter wird es wieder grün!

Tragt in die Welt nun ein Licht

Text und Musik: trad.

Tragt in die Welt nun ein Licht, sagt al-len:
Fürch-tet euch nicht! Gott hat euch lieb, Groß und
Klein! Seht auf des Lich-tes Schein!

2. Tragt zu den Alten ein Licht.
   Sagt allen: Fürchtet euch nicht!
   Gott hat euch lieb ...

3. Tragt zu den Kranken ein Licht.
   Sagt allen: Fürchtet euch nicht!
   Gott hat euch lieb ...

Mit Weihnachten ist es wie mit allen Festen: Die Vorbereitung erhöht die Freude und den Stellenwert des kommenden Festes! Am Plätzchenbacken in den Wochen davor haben auch schon kleine Kinder ihre Freude. Mit einer kleinen Schürze oder einem Hemd geschützt, können sie nach Herzenslust Teig ausrollen oder mit Förmchen Plätzchen ausstechen!

Wir basteln gemeinsam für Weihnachten

Glitzernde Girlanden für den Christbaum

Material:

- Glanzpapier
- Schere
- Kleber

Zunächst schneiden wir das Glanzpapier in ca. 3 cm breite, längere und kürzere Streifen. Die Enden dieser Streifen pinseln wir mit Kleber ein. Jetzt können die Kinder diese Streifen zu Papierkringeln biegen und so ineinander verschränken, dass beim Zusammenkleben der Enden eine Kette entsteht. Am lichterhellen Weihnachtsbaum funkelt diese Kette besonders schön!

Sternfunkeln

Material:

- verschieden farbiges Ton- oder Glanzpapier
- Schere
- Kleber

Als Erstes wird aus dem Ton- oder Glanzpapier ein einfacher fünfzackiger Stern ausgeschnitten. Dann zerreißen die Kinder verschieden farbiges Glanzpapier zu kleinen Schnipseln und kleben es auf den Stern. Der Stern wird zuletzt mit einem Faden oder einer dünnen Gold- oder Silberkordel versehen und am Weihnachtsbaum aufgehängt. Wenn wir auf diese Weise mehrere Sterne in unterschiedlicher Größe herstellen, dann funkelt unser Christbaum noch mehr!

Weihnachtszauber mit Wachs

Material:

- Wachskerzen
- Förmchen für Weihnachtsplätzchen
- dünne, bunte Schnüre, Seidenbänder, Wollfäden, Gold- bzw. Silberkordel o. Ä.
- ein tiefer Teller (z. B. Suppenteller) mit Wasser

Zunächst werden die Förmchen in den Teller gelegt und dieser mit so viel Wasser aufgegossen, dass die Formen noch etwa zu einem Drittel aus dem Wasser herausragen. Dann tropft man das Wachs einer brennenden Kerze in die Förmchen,

bis diese ganz ausgefüllt sind. Dabei können mehrere Lagen übereinandergetropft werden.

Als Nächstes holen wir die Förmchen aus dem Wasser und lösen das Wachs heraus, was recht einfach zu bewerkstelligen ist, da das kalte Wasser das Wachs sofort abgekühlt hat. Solange die „Wachsplätzchen" noch weich sind, drücken wir ein Stück Faden, Seidenband, Kordel o. Ä. in das Wachs, an dem unser Schmuck dann aufgehängt werden kann.

Wir können diesen Weihnachtsschmuck gemeinsam mit den kleinen Kindern zaubern, sobald sie wissen, wie man gefahrlos mit einer brennenden Kerze umgeht. Dabei sollten wir die Kerzen umso länger wählen, je kleiner die Kinder sind, damit sich die Flamme möglichst weit weg von ihren Fingern befindet.

Als Variante kann man das Wachs auch ohne Förmchen ganz einfach in das Wasser tropfen lassen, wobei sich lustige und wunderschöne Fantasiegebilde ergeben, die wir dann ebenfalls am Weihnachtsbaum aufhängen können.

Eine weitere Spielart ist die „Reste-Sammler"-Variante: Dabei werden einzelne, im Wasser schwimmende Wachstropfen mit einem Förmchen eingefangen. Dann tropfen wir zum Fixieren noch eine Lage Wachs darüber – auch dies ergibt einen schönen Schmuck für Weihnachtszweige oder den Christbaum!

Bienenwachsanhänger

Material:
- Metallförmchen für Weihnachtsplätzchen
- Bienenwachsplatten
- Nadel und Faden

Auch auf diese Weise können wir einen schönen und noch dazu gut duftenden Weihnachtsschmuck herstellen: Mit den Förmchen aus den Bienenwachsplatten Figuren ausstechen, diese aus den Förmchen herausdrücken und mit einer Nadel einen Faden durchziehen, an dem unsere kleinen Bienenwachskunstwerke dann aufgehängt werden können.

Walnussschiffchen

Material:
- Walnussschalenhälften
- Wachskerzen
- Zahnstocher
- kleine Papierdreiecke
- Kleber

In der Weihnachtszeit essen wir oft Walnüsse, aus deren Schalen wir wunderbare Schiffe herstellen können: Als Erstes stellen wir Mast und Segel her, indem wir an das obere Drittel eines Zahnstochers kleine Papierdreiecke befestigen. Dazu kleben wir das Papier einfach an einer Seite des Dreiecks ca. 1 cm um den Zahnstocher herum. Dann lassen wir in die leeren Walnussschalenhälften Wachs tropfen. Sobald dies abgekühlt, aber noch weich ist, stecken wir das Zahnstochersegel hinein – fertig ist unser Segelschiff!

Wenn wir eine ganze Walnussflotte herstellen, dann können wir eine Pusterallye veranstalten (z. B. in einem mit Wasser gefüllten Backblech oder in einer Plastik- oder Babywanne etc.)

Leuchtschiffe

Material:
- Walnussschalenhälften
- Wachskerzen
- Zahnstocher oder Streichholz
- ein kurzer Docht

Auf ganz ähnliche Weise können wir auch wunderschöne „Leuchtschiffe" herstellen. Dazu füllen wir die Walnussschalenhälften ganz mit Wachs auf, lassen dieses auskühlen und bohren dann mit einem Streichholz oder Zahnstocher ein Loch in das Wachs. Als Nächstes stecken wir ein Stück Docht in das Loch und fixieren es mit einigen zusätzlichen Tropfen Wachs. Unsere Leuchtschiffe können wir ebenfalls in einem mit Wasser gefüllten Behälter fahren lassen, oder – wenn es dunkel wird – sogar draußen auf einem Teich.

Diese Aktion eignet sich hervorragend für besondere Anlässe, wie z. B. für den 13. Dezember, den Namenstag der heiligen Lucia, oder als besondere Attraktion am Kindergeburtstag.

Die Vorweihnachtszeit eignet sich besonders, um mit unseren Kindern in der „warmen Stube" die seit Generationen überlieferten Lieder zu singen und uns dabei an das Weihnachten unserer eigenen Kindheit zu erinnern:

Kling, Glöckchen, kling

Text: Karl Enslin, Musik: trad.

2. Kling, Glöckchen ...
   Mädchen, hört, und Bübchen,
   macht mir auf das Stübchen,
   bring' euch viele Gaben,
   sollt dran Freude haben!
   Kling, Glöckchen ...

3. Kling, Glöckchen ...
   Hell erglüh'n die Kerzen,
   öffnet mir die Herzen,
   will drin wohnen fröhlich,
   frommes Kind, wie selig.
   Kling, Glöckchen ...

Dieses Lied kann von den Kindern gut mit einem Glöckchen oder einer Rassel begleitet werden. Am schönsten ist es freilich, wenn wir mit einem mit Glöckchen verzierten Schlitten durch die verschneite Winterlandschaft ziehen und das Lied dazu anstimmen!

Ein ebenfalls sehr beliebtes und bekanntes Lied ist „Leise rieselt der Schnee".

Das Weihnachtsfest

Die Botschaft von Weihnachten können auch schon kleine Kinder begreifen, wenn wir sie nicht in einer „Geschenke-Flut" ersticken: Ein kleines Kind, Christus, ist uns geboren, und wir können dieses Kind in einer Krippe sehen. Tiere – Ochs und Esel – geben ihm Wärme, und seine Eltern, Josef und Maria, beschützen es. Wir freuen uns, dass Jesus zu uns auf die Welt gekommen ist, und werden auch selbst beschenkt, entweder vom „Christkind" oder von unseren Mitmenschen. Kinder spüren automatisch, dass dieses Fest und seine intensiven Vorbereitungen mit etwas Wunderbarem zu tun hat, auch wenn sie den genauen Hintergrund und die Bedeutung von Christi Geburt noch nicht begreifen können. Es ist sozusagen das „größte Geburtstagsfest der Welt".

Für die Weihnachtszeit gibt es viele schöne und stimmungsvolle Gedichte und Lieder, mit denen wir das Zusammensein in unserer Familie noch mehr genießen können! Mit diesen traditionsreichen Gedichten und Liedern erinnern sich auch die Eltern und die Großeltern gerne an ihrer Kindheit zurück und können den Kindern erzählen, wie Weihnachten damals gefeiert wurde.

Es wird scho glei dumpa, es wird scho glei Nacht   aus Tirol

1. Es wird scho glei dum-pa, es wird ja scho Nacht, drum kimm i zu dir her, mein Hei-land auf'd Wacht. Will sin-ga a Lia-dl dem Lieb-ling dem kloan, du magst ja net schla-fn i hör die nur woan. Hei, hei, hei, hei! Schlaf süaß herz-liabs Kind!

2. Vergiss iatzt, o Kinnerl, dein Kummer, dei Load,
   dass d'da muasst leid'n in Stall auf da Hoad.
   Es ziern ja die Engerl dei Liegestatt aus,
   möcht' schöner nit sei drin an König sei Haus.
   Hei, hei ...

3. Ja, Kinnerl, du bist halt in Kripperl so schön,
   mir zimmt, i kann nimmer da wög von dir gehn.
   I wünsch dir von Herzn dö süaßeste Ruah,
   dö Engerl vom Himmel , sö deckn di zua.
   Hei, hei ...

Der schönste Baum

überliefert

Ich kenne ein Bäumchen gar fein und zart,
das trägt euch Früchte seltener Art.
Es funkelt und leuchtet mit hellem Schein
weit in des Winters Nacht hinein.
Das sehen die Kinder und freuen sich sehr
und pflücken vom Bäumchen –
und pflücken es leer!

Altbayrische Weihnachten

Franz Xaver Rambold, © Franz Schneider Verlag, München

Auf an goldigen Schimmi,
reit's Christkindl vom Himmi,
hat a Sackl guati Sach'n,
dass die Kinder grad' lach'n.

Und der Schnee tuat glitz'n,
und die Stern, die tean blitz'n,
und die Kerz'n im Dunkeln
ganz absunderlich funkeln.

Was hat dös zu bedeuten,
dass die Glock'n so läuten
und die Büchs'n so krachen
und a Mordsmett'n machen?

Horch! Da hört man was singa
und a Musi tuat klinga:
„O du Heilige Nacht,
hast uns 's Christkindl bracht!"

Weihnachten

Joseph von Eichendorff

Markt und Straßen steh'n verlassen,
still erleuchtet jedes Haus;
sinnend geh ich durch die Gassen,
alles sieht so festlich aus.

An den Fenstern haben Frauen
buntes Spielzeug fromm geschmückt,
tausend Kindlein steh'n und schauen,
sind so wunderstill beglückt.

Und ich wand're aus den Mauern
bis hinaus ins freie Feld.
Hehres Glänzen, heil'ge Schauern,
wie so weit und still die Welt!

Sterne hoch die Kreise schlingen;
aus des Schnees Einsamkeit
steigt's wie wunderbares Singen. –
O, du gnadenreiche Zeit!

Ihr Kinderlein, kommet

Text: Christoph von Schmid,
Musik: Johannes Abraham Peter Schulz

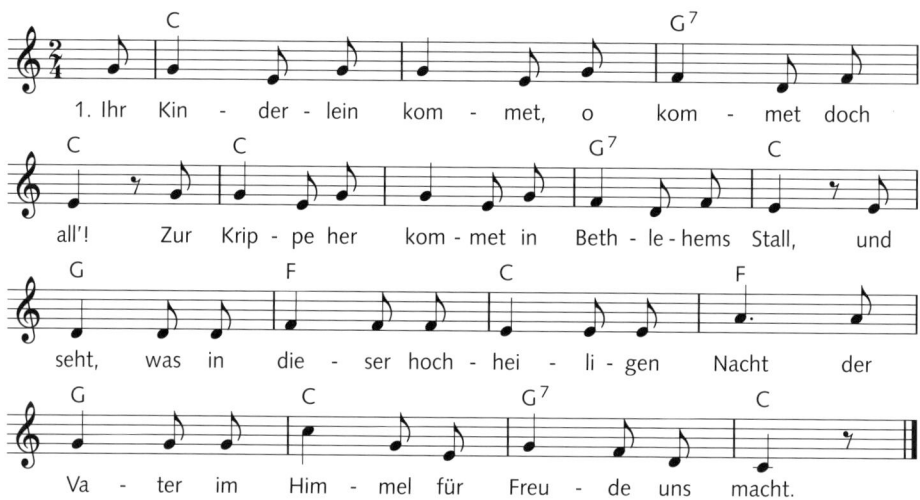

1. Ihr Kinderlein kommet, o kommet doch all'! Zur Krippe her kommet in Bethlehems Stall, und seht, was in dieser hochheiligen Nacht der Vater im Himmel für Freude uns macht.

2. O seht in der Krippe im nächtlichen Stall,
   seht hier bei des Lichtes hellglänzendem Strahl,
   in reinlichen Windeln das himmlische Kind
   viel schöner und holder, als Engel es sind.

3. Da liegt es, das Kindlein, auf Heu und auf Stroh;
   Maria und Josef betrachten es froh.
   Die redlichen Hirten knien betend davor,
   hoch oben schwebt jubelnd der Engelein Chor.

4. O beugt wie die Hirten anbetend die Knie,
   erhebet die Händlein und danket wie sie!
   Stimmt freudig, ihr Kinder – wer sollt' sich nicht freu'n? –
   Stimmt freudig, zum Jubel der Engel mit ein!

Stille Nacht, heilige Nacht

Text: Josef Mohr (1792–1848),
Musik: Franz Gruber (1863)

2. Stille Nacht, heilige Nacht!
   Hirten erst, kund gemacht;
   durch der Engel Halleluja
   tönt es laut von fern und nah:
   //: Christ, der Retter ist da.://

3. Stille Nacht, heilige Nacht!
   Gottes Sohn, o wie lacht!
   Lieb aus deinem göttlichen Mund,
   da uns schlägt die rettende Stund,
   //: Christ, in deiner Geburt.://

Dieses Lied sollte erst am Heiligen Abend erklingen!

B   Rituale – immer das Gleiche und doch nicht Dasselbe!

Was wir mit unseren Festen alljährlich vollziehen, sind Rituale: Rituale für Ostern, St. Martin, Nikolaus, Weihnachten ... Rituale – ob christlichen Ursprungs oder nicht – sind aber auch außerhalb dieser Festzeiten für unsere Kinder und uns wichtig. Rituale geben Sicherheit und vermitteln Struktur in einer Welt, die ständig Neues für uns bereithält. Sie teilen unseren Tag, unsere Woche und unser Jahr ein und ergeben mit ihrer Ordnung einen Jahreskreis. Bestimmte Abläufe in unserem Alltag haben wir beispielsweise längst ritualisiert, ohne dass es uns auffällt, z. B. einen Abschiedskuss, wenn wir das Haus verlassen. Oft haben wir zudem am Morgen oder am Abend feste Tätigkeitsabläufe.

Rituale kennzeichnen aber auch Veränderungen und helfen uns, mit Übergangs-situationen zurechtzukommen. Begrüßungs- und Abschiedsrituale sind Symbole für unsere Beziehungen zu anderen Menschen. Andere Rituale wiederum, wie z. B. beim Geburtstag, heben Feste und besondere Anlässe noch einmal hervor.

Kinder brauchen diese Rituale ganz besonders. Sie schenken ihnen Vertrauen und sind vorhersehbar, wodurch sie sich oft schon im Vorfeld auf sie freuen kön-nen. Amerikanische Forscher haben festgestellt, dass Kinder, die Familienrituale erleben, nicht so sehr unter dem allgemeinen Stress leiden, wie Kinder ohne ri-tuellen Hintergrund (Syracuse University, 2007). Familienrituale fördern den For-schern zufolge auch die Gesundheit der Kinder, die Identität der Jugendlichen und die Beziehungszufriedenheit der Eltern. Außerdem tragen sie zu besseren schuli-schen Leistungen der Kinder bei und stärken die innerfamiliären Bindungen. Ri-tuale zeigen durch ihre Symbole „dies ist das, was unsere Familie ausmacht" und hinterlassen eine Art „emotionalen Abdruck", wodurch wir uns an die positive Erfahrung zurückerinnern können (Hoffmann, 2007, S. 7). Für Kleinkinder haben alltägliche Routinen, wie z. B. eine bestimmte Schlafensgehzeit, einen hohen Stel-lenwert. Kinder, die alltägliche Schlafrituale pflegen, schlafen früher ein und wa-chen nachts weniger häufig auf als Kinder ohne feste Schlafenszeiten.

Die gemeinsame Mahlzeit
Routinen und Rituale, so die Wissenschaftler, sind für alle Familienformen wich-tig – ganz gleich, ob es sich dabei um traditionelle Familienmuster, Familien mit Scheidungshintergrund, Alleinerziehende oder so genannte Patchworkfamilien handelt. Die Forscher plädieren insbesondere für das Ritual einer gemeinsamen Mahlzeit am Tag. Die gemeinsame Mahlzeit fördert nicht nur den Informations-austausch und die Kommunikation zwischen den Familienmitgliedern sowie eine bessere Eltern-Kind-Beziehung, sondern auch die schulischen Leistungen der Kin-der und deren Gesundheit.

Wenn wir das gemeinsame Essen mit einem Spruch oder einem Tischgebet beginnen, erheben wir es zu einer besonderen Angelegenheit. Da Rituale dann wirken, wenn sie vom Inhalt und vom Ablauf her immer gleich durchgeführt wer-den, ist es empfehlenswert, sich für einen bestimmten Spruch zu entscheiden, den die Kinder durch die Wiederholung schnell lernen können! Im Folgenden einige beliebte Tischverse für Kinder:

Jedes Tierlein hat sein Essen
Jedes Tierlein hat sein Essen,
jedes Blümlein trinkt von dir.
Hast auch unser nicht vergessen,
lieber Gott, wir danken dir.
Amen

Komm, Herr Jesus

Komm, Herr Jesus
sei unser Gast
und segne uns
was Du uns bescheret hast.
Amen

Für dich und mich

Und für dich und für mich
ist der Tisch nun gedeckt.
Hab' Dank, lieber Gott,
wenn es uns gleich schmeckt.
Amen

Abendrituale und Abendgebete

Mit einem Einschlafritual erleichtern wir das „Hinübergleiten" vom Tag in die Nacht und den Weg in einen tiefen erholsamen Schlaf. Viele Eltern lesen noch aus einem Buch vor, singen ein „Schlaflied" oder beten gemeinsam mit ihrem Kind ein kurzes, kindgerechtes Abendgebet. Wir können aber auch mit unseren Kindern den vergangenen Tag betrachten – insbesondere, was daran positiv war und wofür wir gerne „Danke" sagen wollen, aber auch worum wir für den nächsten Tag bitten wollen.

Kinder beten in der Regel gerne. Sie fühlen sich vom „lieben Gott" beschützt. Sie können ihn um alles bitten, ihm alles anvertrauen. Für die schon etwas älteren Kinder ist dies umso wichtiger, weil sie sich zunehmend bewusster werden über Taten, Dinge und Vorgänge in ihrem Leben. Manchmal tauchen in Gebeten der Kinder Fragen auf, die sie niemandem sonst stellen können oder wollen, für die sie aber nach einer Antwort suchen. Im Gebet können sie eine persönliche Zwiesprache mit Gott führen. Im Kleinkindalter ebnen wir mit den ersten Kindergebeten den Weg dafür.

Auch hier ist es, wie mit allen Ritualen: Wir entscheiden uns am besten nur für ein Gebet, dass die Kinder immer wieder erkennen und dann bald auch selbst beten können.

Schlaflieder und Abendgebete

Wer hat die schönsten Schäfchen?

Text: Hofmann von Fallersleben (1830),
Musik: Johann Friedrich Reichardt (1790)

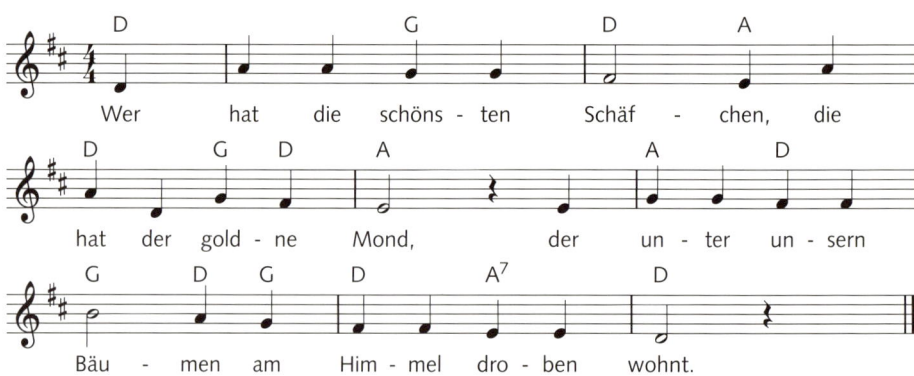

2. Er kommt am späten Abend,
   wenn alles schlafen will,
   hervor aus seinem Hause
   zum Himmel leis' und still.

3. Dann weidet er die Schäfchen
   auf seiner blauen Flur;
   denn all die weißen Sterne
   sind seine Schäfchen nur.

4. Sie tun sich nichts zuleide,
   hat eins das and're gern,
   und Schwestern sind und Brüder
   da droben Stern an Stern.

5. Und soll ich dir eins bringen,
   so darfst du niemals schrein,
   musst freundlich wie die Schäfchen
   und wie ihr Schäfer sein.

Weitere beliebte Schlaflieder sind z.B. „Schlaf, Kindlein, schlaf", „Guten Abend,
gut Nacht" und „Weißt du, wie viel Sternlein stehen" (siehe S. 122) oder „Der
Mond ist aufgegangen".

An Abendgebeten finden Sie nachfolgend eine kleine Auswahl:

Gott, du hast mich heut' bewacht

Gott, du hast mich heut' bewacht,
beschütze mich auch diese Nacht.
Du wachst für alle Groß und Klein,
drum schlaf ich ohne Sorgen ein.
Amen

Lieber, guter Schutzengel mein

Lieber, guter Schutzengel mein,
du sollst immer bei mir sein.
Behüte mich auch heute Nacht
und gib immer auf mich Acht.
Amen

Müde bin ich, geh zur Ruh

Müde bin ich, geh zur Ruh,
schließe meine Äuglein zu;
Vater, lass die Augen dein
über meinem Bette sein.

Alle, die mir sind verwandt,
Gott, lass ruh'n in deiner Hand;
alle Menschen Groß und Klein,
sollen dir befohlen sein.

Kranken Herzen sende Ruh,
nasse Augen schließe zu;
lass den Mond am Himmel steh'n
und die stille Welt beseh'n.

überliefert

Bei kleinen Kindern reicht es, nur die erste Strophe dieses Gebetes gemeinsam zu beten oder sie ihnen vorzubeten. Größere Kinder beten auch gerne die weiteren Strophen, da so z. B. auch kranke Familienmitglieder in das abendliche Gebets-ritual mit eingeschlossen werden können.

Das Segensritual

Dass Eltern ihre Kinder segnen, ist heute etwas aus der Mode gekommen. In früheren Generationen war es aber ein weit verbreitetes und übliches Ritual, den Kindern beim Verlassen des Hauses mit Weihwasser, das sich oft in einem kleinen Weihwasserkessel neben der Tür befand, ein Kreuzzeichen auf die Stirn zu malen und sie mit einem Segensspruch für ihren Weg zu wappnen.

Im Lateinischen heißt segnen „benedicere", was wörtlich übersetzt soviel bedeutet wie „gut sprechen". Wenn unsere Kinder ihre ersten selbstständigen Schritte wagen (z. B. in den Kindergarten), dann ist es für sie wohltuend, wenn wir diesen Übergang mit einem Segensritual erleichtern. Damit beruhigen wir unsere Kinder und vermitteln ihnen Kraft und Vertrauen.

Mit einem Segensritual, z. B. dem Kreuzzeichen auf der Stirn, spüren die Kinder, wie sie in die Beziehung mit Gott hineingenommen werden, und einen Zuspruch erfahren, der über denjenigen der Eltern hinauswächst. Die beiden Grundelemente des Segnens, „das bewusste Zeichen" und das „zugesprochene" Wort, versichern ihnen, dass nicht nur ihre Eltern sie lieb haben, sondern auch Gott (AFK, Der Segen Gottes sei mit Dir, 2007).

So segnen wir unser Kind

Wir machen unserem Kind mit dem Daumen ein Kreuzzeichen auf die Stirn oder legen unsere Hände auf seinen Kopf; dabei sprechen wir einen Segenswunsch, z. B. „Gott hat dich lieb". Beim Abschied erbitten wir Gottes Segen, z. B. „Gott segne und begleite dich".

Von dem folgenden Segensgebet kann man, je nach Situation, auch einzelne Strophen separat verwenden:

Der Herr segne dich

Der Herr segne dich, er lasse
dein Leben gelingen,
deine Hoffnung erblühen,
deine Früchte reifen.

Der Herr behüte dich,
er umarme dich in deiner Angst,
er schütze dich in deiner Not,
er erfülle dich mit seiner Liebe.

Der Herr nehme dich an die Hand,
führe, begleite und halte dich.
Sein Segen komme über dich
und bleibe alle Zeit mit dir.
Amen

Geburtstagsrituale

Ein ganz besonderes Ritual im Jahresablauf ist die Geburtstagsfeier unseres Kindes. In der Entwicklung unserer Kleinen bedeutet jedes Jahr einen riesigen Meilenstein, den wir gebührend miteinander feiern und damit zeigen, dass wir uns alle mit dem Geburtstagskind darüber freuen.

Wenn die Kinder noch unter drei Jahre alt sind, wird der Geburtstag oft noch im Familienkreis mit nur wenigen Freunden der Kinder gefeiert. Eine Faustregel lautet, dass wir nicht mehr Kinder einladen sollen, als das Kind an Jahren alt wird (also z. B. drei Kinder bei einem Kind, das seinen dritten Geburtstag feiert).

Ein festlich gedeckter Kaffeetisch, an dem der Platz des Geburtstagskindes besonders hervorgehoben wird, gehört für viele Familien ebenso zum Ritual der Geburtstagsfeier wie die Kerzen auf dem Geburtstagskuchen, die in ihrer Anzahl dem Alter des Kindes entsprechen. Beim Ausblasen der Kerzen (bei den Kleinen helfen meist noch die Erwachsenen mit) kann das Kind dann zeigen, wie viel Kraft es schon beim Pusten hat.

Es ist besser, bei der Geburtstagsfeier insgesamt eher weniger Spiele zu veranstalten, diese aber dafür öfter zu wiederholen. Bei den Kleineren eignen sich hierfür vor allem Spiellieder, Luftballon- oder Ballspiele. Die Kinder brauchen aber auch Zeit, um ihre eigenen Spielideen zu entwickeln und auszuprobieren, was man mit den mitgebrachten Geschenken alles machen kann. Zu aufwendige Geburtstagsfeiern überfordern und erschöpfen die Kleineren dagegen schnell. Mit zunehmendem Alter können die Spielangebote dann ausgebaut werden.

Bei den meisten Kindergeburtstagen singen Eltern und Gäste dem Geburtstagskind ein Geburtstagslied. In der Regel ist dies Jahr für Jahr dasselbe Lied, welches auf diese Weise zum Ritual, zum Erkennungszeichen unserer Geburtstagsfeier wird.

Tipp: Ein besonders schönes Ritual ist es, wenn Jahr für Jahr am Geburtstag die Taufkerze angezündet wird.

Viel Glück und viel Segen

Text und Melodie: Werner Gneist © Bärenreiter-Verlag, Kassel

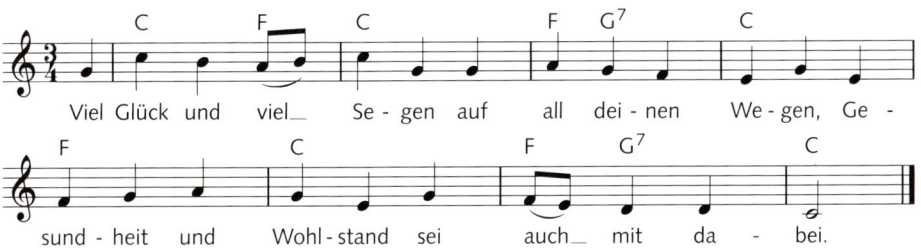

Auch das Lied „Hoch soll er leben" wird gerne gesungen und bei „dreimal hoch" wird der Stuhl mit dem Kind dreimal hochgehoben.

Zum Geburtstag viel Glück
Zum Geburtstag viel Glück,
zum Geburtstag viel Glück,
zum Geburtstag, zum Geburtstag, zum Geburtstag viel Glück!
(nach der Melodie von „Happy Birthday to you")

Der Namenstag – ein Grund zum Feiern
In vielen Familien ist die Tradition, den Tag des Namenspatrons zu feiern, in Vergessenheit geraten. In früheren Zeiten wurde dieser Tag stärker als der Geburtstag gefeiert.

Wir haben bei der Taufe unserem Kind einen Namen gegeben, in der Regel den eines Heiligen oder einer herausragenden Persönlichkeit, und stellen unser Kind unter deren segensreiches Licht. Am Tag dieses Namenspatrons, den wir in einigen Kalendern finden können, feiern wir mit einer kleinen Familienfeier diesen Namenstag.

Dafür ist es schön, die Taufkerze anzuzünden, einen Kuchen anzuschneiden und ein kleines Geschenk zu überreichen. Wir bringen damit zum Ausdruck, „wir feiern dich mit deinem speziellen Namen" und zeigen dem Kind, dass es mit seinem Namen für uns etwas ganz Besonderes ist.

Schätze für uns Erwachsene ...

Wenn wir uns darauf einlassen, mit unseren Kindern Spiritualität zu entdecken, dann öffnen auch wir uns für die „wunder"-vollen Erfahrungen, für Licht und Wärme, für Musik und Besinnlichkeit, und wir spüren mit unseren Kindern gemeinsam, „dass da mehr ist". Wir entdecken alte biblische Geschichten neu oder finden einen neuen Zugang zu religiösen Themen.

Die Fragen unserer Kinder zu den grundsätzlichen Dingen im Leben sowie zu Spiritualität und Glauben fordern uns heraus, Stellung zu beziehen. Ihre Fragen werden damit auch zu unseren Fragen. Dabei spüren wir gemeinsam mit ihnen, „dass es ein Leben gibt, das größer ist, als die kleinen Angelegenheiten von uns Menschen" (Cornell, 1979, S. 10).

Mit den Kindern entdecken wir über unsere religiösen Feste im Jahreskreis auch unser oft schon fast verschwunden geglaubtes Brauchtum wieder. Wir bemalen Ostereier, backen Plätzchen, basteln Weihnachtsschmuck und lernen dabei auch an uns selbst ganz neue Fertigkeiten und kreative Talente kennen. Während wir diese Feste mit unseren Kindern vorbereiten, können wir uns darüber hinaus die Frage stellen, was sie in unserer heutigen Lebenssituation für uns persönlich bedeuten. Welche Botschaft oder vielleicht sogar Kraft kann ich aus diesen Festen für mich, in meiner ganz konkreten Lebenswirklichkeit gewinnen? Welche Hoffnungen und Wünsche tauchen auf? Wir können mit unseren Kindern und durch sie auch einen neuen Zugang zum Gebet finden.

Alltägliche Rituale setzen in unserer schnelllebigen Zeit, in der immer mehr Flexibilität und Mobilität gefordert wird, ein wohltuendes Zeichen der Konstanz. Diese stabilisierende Wirkung von Ritualen können wir gemeinsam mit unseren Kindern nutzen. Ein täglich gemeinsam mit ihnen gesprochenes Abendgebet oder ein Schlaflied, das wir ihnen jeden Abend vorsingen – all das beruhigt auch uns und kann uns zu einem neuen, vertieften Zugang zu unserem Leben und unserem Alltag verhelfen.

8. Was zählt, ist das Gefühl
Spiele zur Bildung der emotionalen Intelligenz

„Lerne denken mit dem Herzen,
lerne fühlen mit dem Geist."
Theodor Fontane

In historischer Hinsicht hat der Bereich der Gefühle eine wechselvolle Karriere hinter sich. Je nach Zeitgeist konnten oder sollten wir uns zu unseren Gefühlen bekennen oder sie lieber in den Hintergrund drängen. Einmal war unser Gefühl gefragt, dann wieder unsere Vernunft.

Heute haben wir erkannt, dass wir Informationen nicht nur über unsere rationalen Gedanken, sondern vor allem auch über unsere Gefühle verarbeiten. Erst unsere Emotionen legen letztendlich fest, welche Bedeutung Informationen, Personen und Aktivitäten in unserem Leben haben. Die Gefühle haben es jetzt also in den „Olymp" der Intelligenzforschung geschafft. Wir sprechen deshalb heute von der emotionalen Intelligenz (EQ), einem Gebiet, das seit einigen Jahren ebenso erforscht wird wie andere Intelligenzbereiche.

Emotionale Intelligenz gilt mittlerweile in allen Lebensbereichen als Vorraussetzung für Erfolg und ist z. B. in der Wirtschaft ein wichtiger Faktor für Personalentscheidungen. In zahlreichen Tests stellten die Entdecker dieser Intelligenzform, die amerikanischen Forscher Saloway und Mayer, fest, dass Menschen mit einem niedrigeren EQ-Quotienten u.a. anfälliger für Drogen sind und mehr Probleme in ihren Beziehungen und am Arbeitsplatz haben, während Menschen mit einem hohen EQ-Quotienten ein glücklicheres und erfolgreicheres privates und berufliches Leben führen (Nuber, 2006, S. 9).

Die emotionale Intelligenz gilt heute nach Ansicht der Hirnforschung sogar als die wichtigste und grundlegendste Kompetenz des Menschen – und das von Anfang seiner Entwicklung an. Sie bildet die Basis, auf der alle anderen geistigen Fähigkeiten fußen. Lange bevor das Kind anfängt zu sprechen, teilt es sich uns bereits über seine Gefühlsäußerungen mit. Und in dem Maße, wie wir darauf antworten, entwickelt das Baby die notwendige Sicherheit und Antriebskraft, seine weiteren geistigen Potenziale zu entfalten.

Wenn Kinder emotionale Intelligenz entwickeln, dann bauen sie die Fähigkeit auf, sowohl die eigenen Gefühle erkennen und kontrollieren zu können als auch die Gefühle anderer deuten und entsprechend darauf reagieren zu können (Eliot, 2001, S. 413ff.). Bis vor Kurzem galt das Augenmerk von Forschung und Schule noch allein den kognitiven Wort- und Zahlenfähigkeiten, wie Lesen, Schreiben und Rechnen. Gefühle waren, wie auch der Volksmund es ausdrückte, „im Bauch" angesiedelt, nicht im Kopf. Vernunft und Gefühl galten als Gegensatz. Die For-

schungen der letzten Jahre haben das Gefühl dagegen „in den Kopf" gestellt. Wir wissen heute, dass die „Kopfarbeit Lernen" sehr viel mit Gefühl zutun hat, denn je positiver unser Gefühl in der jeweiligen Lernsituation ist, desto größer ist der Lernerfolg. Heute gelten Lachen und Lernen als Traumpaar!

Wie entsteht emotionale Intelligenz?

Gefühle spielen im Leben unserer Kinder von Anfang an eine zentrale Rolle: Erst kommt das Fühlen, dann das Sprechen und dann das Denken, stellt der Psychologe und Therapeut Josef Könning fest (Könning, 2001, S. 33). Die Gefühle des Kleinkinds sind sehr wechselhaft. Die Neurologin Lise Eliot charakterisiert Gefühle von Babys folgendermaßen: „Babys können beinahe im selben Atemzug vom Lachen zum Quengeln zum Weinen zum Lächeln zum Quieken wechseln." (Eliot, 2001, S. 413). Wenn die Kinder dann größer werden, können sie zwar immer öfter ihre Gefühle kontrollieren, doch im Wesentlichen sind die frühen Jahre ihr zufolge eine einzige lange, emotionale Achterbahnfahrt – und die Eltern fahren mit!

Die Entwicklung unserer emotionalen Kompetenz beginnt gleich nach der Geburt, und zwar in Form der gefühlsmäßigen Bindung des Neugeborenen an seine Mutter oder Bezugsperson. Bereits mit drei, spätestens aber mit acht Wochen ist das Baby fähig, unterschiedliche Menschen zu erkennen und ihre Mienen nachzuahmen. Es beginnt, die Mutter vom Vater sowie frohe Gesichter von traurigen oder zornigen Gesichtern zu unterscheiden. Schon kurz nach der Geburt zeigt das Neugeborene darüber hinaus erste Anzeichen von Empathie. Es weint beispielsweise mit, wenn ein anderes Baby weint. Allmählich identifiziert es sich auch mit seinem eigenen Namen und entwickelt ein frühes Bild seiner eigenen Persönlichkeit. Ab etwa dem zweiten Lebensjahr vollzieht sich die intellektuelle und emotionale Entwicklung dann nahezu explosionsartig. Das Kleinkind lernt, zwischen „Mein" und „Dein" zu unterscheiden und ist damit in der Lage, z. B. eigene Erfahrungen („mein Geburtstag") und die Stimmungen anderer Personen („du traurig"...) voneinander zu trennen.

Wie können wir unsere Kinder bei der Entwicklung ihrer emotionalen Intelligenz unterstützen?

Trotz der eindeutigen Forschungsergebnisse lassen wir der emotionalen Entwicklung unserer Kinder leider nach wie vor viel weniger Aufmerksamkeit zukommen als etwa ihren ersten Worten oder Schritten. Um hier Abhilfe zu schaffen, haben Intelligenzforscher ein Modell zur Ausbildung emotionaler Intelligenz entwickelt, an dessen Grundidee sich die nachfolgenden Ausführungen orientieren (Goleman, 1995, S. 65ff.; vgl. auch Liebertz, 2004, S. 52ff.).

A Die eigenen Gefühle kennenlernen

Der erste Schritt zur Entwicklung der emotionalen Intelligenz bei Kindern ist das Kennenlernen der eigenen Gefühle. Dies bedeutet aber, diese auch äußern zu dürfen, und zwar in ihrer ganzen Bandbreite von Freude, Trauer, Furcht, Wut, Ekel usw. Nur wer lachen, weinen oder wütend sein darf, erfährt, wie sich Freude, Trauer und Wut anfühlen! Wenn Erwachsene einfühlsam auf diese Gefühlsäußerungen der Kinder reagieren und sie ernst nehmen, dann spüren die Kinder, dass ihre Gefühle in Ordnung sind, dass sie mit ihnen akzeptiert werden.

Und alle Gefühle haben ja ihren Sinn, schließlich ist Lebensfreude nur erfahrbar im Kontrast zu anderen, negativeren Gefühlen; Licht- und Schattenseiten eines Lebens gehören zusammen.

Für uns Erwachsene heißt das, dass wir uns Zeit nehmen müssen für unsere Kinder, insbesondere bei starken Gefühlen: Zeit für Bestätigung und Aufmunterung, Zeit für liebevolle Gesten und Zeit zum Trösten. Wenn wir beispielsweise ein Baby immer nur schreien lassen, dann lernt es dadurch keine Selbstständigkeit, sondern eher Hilflosigkeit. Mit zunehmendem Alter eignen sich die Kinder dann die Fähigkeit an, ihre eigenen Gefühle zu erkennen und mit ihnen umzugehen. Aber erst mit dem Ende der Pubertät, d.h. wenn die Jugendlichen sich nach Erwachsenenmaßstäben verhalten, ist dieser Prozess weitestgehend abgeschlossen. Das Gehirn hat während der Pubertät Schwerstarbeit geleistet. Es hat sich völlig neu strukturiert, gemäß den Aufgaben, die es ab diesem Zeitpunkt zu erfüllen hat. Denn für Erwachsene hängt der Lebenserfolg nicht zuletzt von der Fähigkeit ab, Gefühle – auch die anderer Menschen – richtig einzuschätzen und angemessen darauf zu reagieren: „Wer sich seiner Gefühle sicherer ist, kommt besser durchs Leben, erfasst klarer, was er über persönliche Entscheidungen wirklich denkt, von der Wahl des Ehepartners bis zur Berufswahl" (Goleman, 1995, S. 65).

Mit Spielen zur Körperwahrnehmung die eigenen Gefühle entdecken

Um ihre Gefühle kennenzulernen, müssen Kinder ihr Körpergefühl entwickeln, d.h. ihren Körper in all seinen Nuancen wahrnehmen lernen.

Dafür brauchen Babys Körperfreiheit, d.h., dass sie auch nackt sein dürfen, sich spüren, strampeln. Die Haut ist unser größtes Sinnesorgan und damit in dieser Baby- und Kleinkinderzeit ein besonders wichtiges Wahrnehmungsorgan. Über Eincremen und Streicheln haben wir bereits bei der täglichen Körperpflege eine hervorragende Möglichkeit, um Hautkontakt herzustellen und die Haut zu stimulieren.

Als unterstützende Spiele für Kleinkinder eignen sich alle Spiele zur Körperwahrnehmung, wie Streichelspiele, Kuschelspiele (siehe auch Kap. III.1) und sanfte Massagen, aber auch Spiele für alle Sinne und Bewegungsspiele.

Massagespiele sind Körpererfahrung pur!

Der Zoobesuch

Wir laden zu einem Fantasiebesuch im Zoo (oder auf einen Bauernhof oder in einem dem Kind bekannten Tiergehege) ein. Beschreiben Sie, welche Tiere Sie sehen und deren Gangart, die Sie mit Ihren Händen auf dem Rücken Ihres Kindes umsetzen.

Die Katze geht auf leisen Pfoten.	*Zart mit den Fingerkuppen auftippen,*
Die Ameisen flitzen leichtfüßig über den Boden.	*mit den Fingerspitzen über den Rücken streicheln,*
Die Elefanten stampfen über den Boden.	*mit den Fäusten vorsichtig, aber fest auf den Rücken klopfen,*
Die Pferde galoppieren über die Wiese.	*vorsichtige Schläge mit der flachen Hand auf den Rücken,*
Der Tiger schleicht durch das Gebüsch.	*mit den Handflächen auf den Rücken des Kindes drücken,*
Der Schwan gleitet elegant durch das Wasser.	*mit den Fingerkuppen und etwas Druck langsam über den Rücken streichen,*
Die Hühner tippeln unruhig hin und her und scharren manchmal im Sand.	*die Fingerkuppen tippen schnell und unruhig über den Rücken, halten zwischendurch an und alle fünf Finger „scharren" auf dem Rücken.*
usw.	

Ihrer Fantasie oder der Ihrer Kinder sind keine Grenzen gesetzt. Schön wird das Spiel, wenn wir Tiere mit gegensätzlichen Bewegungen ins Spiel bringen: Tiere, die leise gehen oder laut, die langsam schleichen oder flink laufen.

Ein weiteres Massagespiel „Pizzabacken" ist in Kap. III.4 dargestellt.

Zahlreiche Spiele aus den vorangegangenen Kapiteln eignen sich hervorragend zur Körperwahrnehmung mit allen Sinnen:
- Spiele mit Sand und Wasser (Kap. III.6)
- Spiele mit Farben (Kap. III.4)
- Tastspiele (Kap. III.4)
- Spiele mit allen Sinnen (Kap. III.4)
- Bewegungsspiele (Kap. III.2, III.4, III.5)

Die Wettermassage (siehe als Fingerspiel, Kap. III.1)

Das Kind liegt auf dem Bauch und wir lassen es auf dem Rücken das Wetter spüren:

Es tröpfelt, es tröpfelt.	*Jeweils mit einem Finger jeder Hand zart auf den Rücken tippen,*
Es regnet, es regnet.	*mit allen Fingern (vom kleinen Finger angefangen, schnell zum Zeigefinger durchlaufen lassen) auf den Rücken trommeln,*
Es gießt, es gießt.	*mit der flachen rechten und linken Hand abwechselnd auf den Rücken „klatschen" (so fest, wie das Kind dies möchte),*
Es hagelt, es hagelt.	*vorsichtig mit den Fingerknöcheln den Hagel auf dem Rücken andeuten,*
Es donnert, es donnert.	*mit den aufgestellten Fäusten vorsichtig auf den Rücken klopfen,*
Es blitzt.	*mit beiden Händen kurz auf den Po klatschen, danach langsam schauen, ob die Sonne wieder scheint ...,*
Der Regen läuft ab.	*mit beiden Händen den Rücken von oben nach unten ausstreichen,*
Die Sonne scheint wieder.	*beide Hände sanft auf den Rücken legen und danach mit einem Tuch wärmen.*

Kinder haben in der Regel viel Spaß an der Geschichte, ihrer Spannung und dem verwöhnenden Körperkontakt!

Mimik und Körpersprache – die Sprache der Gefühle

Bevor Babys ihre ersten Worte äußern, haben sie längst gelernt, sich mimisch und körpersprachlich auszudrücken (siehe Kap. III.1) und entwickeln auch schnell für die Mimik und Körpersprache von anderen eine hohe Sensibilität.

Wie sehr unsere Körpersprache ausdrückt, was wir wirklich denken und fühlen, das erkennen wir sofort, wenn wir mit Kindern zusammen sind. Denn diese spüren, wenn wir etwas anderes sagen, als wir denken. Sie sind dann auch schnell verunsichert, weil sie nicht wissen, ob sie ihrem Gefühl trauen sollen oder unseren Worten.

Das Trainieren von Mimik und Körpersprache gehört zu den Lieblingsspielen kleiner Kinder. Dies können wir unterstützen, indem wir ihnen z. B. kleine Geschichten erzählen, in denen wir Gefühle mimisch ausdrücken: Wir machen ihnen also einen traurigen Bär, ein lustiges Entlein, einen wütenden Hund usw. vor. Kinder lernen dabei nicht nur, Gefühle richtig auszudrücken, sondern auch, wie man diese benennt und wie man sich in andere Gefühlslagen hineinversetzt. Wie macht ein wütender Hund, wie bellt er, wie schaut er, warum ist er wütend oder traurig etc.?

Gehören unsere Kinder noch zu den jüngeren, dann helfen uns auch Finger- oder Kasperlpuppen und Stofftiere, diese kleinen Geschichten zu erzählen. Ältere Kinder genießen ihre Ausdrucksfähigkeit in Mimik und Körpersprache dagegen schon bei Rollenspielen und einfachen Theaterstücken. Erinnert sei hier nur an das beliebte „Vater-Mutter-Kind-Spiel", das kleine Kinder in allen Generationen gespielt haben.

B Mit Gefühlen umgehen lernen

Der Psychologe Daniel Goleman meint: „Wer nicht lernt, mit seinen Gefühlen gut umzugehen, hat ständig mit bedrückenden Gefühlen zu kämpfen. Wer darin gut ist, erholt sich rascher von den Rückschlägen und Aufregungen des Lebens" (Goleman, 1995). Die Fähigkeit, mit seinen Gefühlen richtig umzugehen, ist also einer der wichtigsten Aspekte der emotionalen Intelligenz.

Das Gefühlskarussell dreht sich

Kinder sind nie ohne Gefühl, nie gefühllos. Ja, für sie sind Gefühle geradezu das Wichtigste, ob in der Bewegung oder beim Kontakt mit unterschiedlichen Materialien, ob in Geschichten oder Bildern. Wenn wir uns also mit Kindern bewegen, ihnen Erfahrungen mit unterschiedlichen Materialien ermöglichen, ihnen Geschichten erzählen oder Bilderbücher mit ihnen anschauen, dann bieten wir ihnen die Gelegenheit, eine ganze Skala an Gefühlen zu erleben: von überschäumender Freude (z. B. beim Tanzen) bis zum Ekel (z. B. bei glitschigem Material), von der Angst (bei einer spannenden Geschichte) bis zur Wut, wenn das Ergebnis, z. B. beim Basteln, nicht den eigenen Vorstellungen entspricht (vgl. Schäfer, 2003, S. 159).

Dabei ist es gut, darauf zu achten, welche Beschäftigung dem Kind besonders gefällt, und ihm diese Spielmöglichkeit dann öfter anzubieten. Damit kann es seine positiven Erfahrungen wiederholen. Bei Spielen, die mit Angst besetzt sind, ist es besser, einfühlsam zu sein und abzuwarten, bis das Kind sich von selbst an dieses Spiel heranwagt. Wir können ihm in dieser Situation aber auch das Angebot machen, es einmal zusammen mit uns – z. B. beim Klettern an unserer Hand – zu probieren.

Wenn unsere Kinder traurig sind, dann zeigen wir ihnen, dass wir sie mit diesem Gefühl annehmen und ihnen mit unserem Trost beistehen. Wir können dann eine entspannende Atmosphäre herstellen, indem wir z. B. ein Bilderbuch mit ih-

nen anschauen oder ein beruhigendes Lied singen. Die Kinder lernen dabei: „Ich bin zwar jetzt traurig, aber ich kann auch wieder aus dieser Traurigkeit herauskommen." Sie lernen allmählich auch, wie sie selbst mit unangenehmen Gefühlen umgehen können. Dabei helfen im Übrigen auch Kuscheltiere oder Rituale, wie z. B. die folgenden Trostverse:

Heile, heile Segen   *überliefert*
Heile, heile Segen,
sieben Tage Regen,
sieben Tage Sonnenschein
und da lacht mein Kindelein.

Heile, Heile, Gänschen   *überliefert*
Heile, heile, Gänschen,
es ist bald wieder gut.
Das Gänschen hat ein Schwänzchen,
es ist bald wieder gut.
Heile, heile Mäusespeck,
in hundert Jahren ist alles weg.

Unsere Kleinen müssen aber auch lernen, Grenzen zu akzeptieren – und hier wird es für Eltern mit Kindern unter drei Jahren mitunter sehr anstrengend. In der so genannten Trotzphase erleben die Kinder heftige Gefühlsausbrüche, die uns aber zeigen sollen, dass sie eigentlich unsere Hilfe brauchen, um aus ihrem „Gefühlskarussell" wieder herauszufinden. Solche Situationen können wie ein Unwetter und oft auch ganz blitzartig über unsere Kinder und uns hereinbrechen. Dann hilft es, einen kühlen Kopf zu bewahren und daran zu denken, dass jeder Trotzanfall auch wieder einmal zu Ende ist.

C Mit Konflikten leben lernen

Auch im Kontakt mit ihren Spielkameraden probieren Kinder aus, wie sie ihre Bedürfnisse durchsetzen können – und bekommen dann auch von ihnen Grenzen gesetzt. Da Kleinkinder in solchen Situationen ihre Konflikte noch nicht verbal lösen können, sondern das einsetzen, was sie eben haben, nämlich ihren Körper, sind Rangeleien unter ihnen nichts Ungewöhnliches: „Das Bewerfen mit Sand oder ein herzhafter Biss in den Arm des Spielgefährten gehört so lange zur ,Welterforschungsstrategie' bis ihm (dem Kind) andere Kinder Grenzen zeigen" (Liebertz, 2004, S. 131). Erwachsene sollten hier erst eingreifen, wenn Gefahr droht, d. h. wenn Verletzungen zu befürchten sind oder ein Kind körperlich unterlegen ist.

Wenn wir aber gemeinsam mit den Kindern einen Kompromiss suchen, erproben sie damit erste Konfliktlösungsstrategien: Wie können Konflikte konstruktiv ausgehandelt werden? Wie können wir uns mit Blick auf ein gemeinsames Ziel (wenn z. B. beide Kinder auf der gleichen Stelle eine Sandburg bauen wollen) kooperativ verhalten?

Diese Grundfragen der Konfliktlösung beschäftigen ja auch uns als Erwachsene immer wieder – z. B. in der Familie, in der Partnerschaft oder im beruflichen Alltag –, und auch wir müssen dann, wenn wir erfolgreich sein wollen, eine für alle Seiten befriedigende Lösung finden.

D Aus Gefühlen Taten folgen lassen

Wenn wir unsere Gefühle in den Dienst eines Zieles stellen, dann gewinnen wir ein Stück emotionaler Selbstbeherrschung. Wir verzichten also auf die angestrebte sofortige „Belohnung" für unser Verhalten und unterdrücken unsere Impulsivität, um ein bestimmtes Ziel zu erreichen. Goleman nennt dies „Emotionen in die Tat umsetzen" und bezeichnet diese Fähigkeit als Grundlage jeglicher Art von Erfolg. Herausragende Leistungen, Produktivität und Effektivität sind dabei die „Belohnungen". Auch kleine Kinder begreifen schnell, dass es sich oft lohnt, momentan auf etwas zu verzichten und dafür später etwas zu gewinnen, z. B. in der täglichen Abendsituation: „Wenn du jetzt aufhörst zu spielen und mithilfst, die Bausteine aufzuräumen, haben wir nachher mehr Zeit, ein Buch anzuschauen". Der Alltag von Kindern ist voll von solchen emotionalen Herausforderungen, die sie aber für ihre Zukunft stärken.

Ein Experiment mit Schulkindern zeigte, dass diejenigen Schüler bessere Leistungen erzielten, die bereits als Vorschulkinder über eine höhere Impulskontrolle und Selbstbeherrschung verfügt hatten als ihre Altersgenossen. Die Neurologin Lise Eliot schlussfolgert daraus: „Der höchste Intelligenzquotient der Welt kann keinen Erfolg garantieren, wenn es dem Kind an der emotionalen Kompetenz und Reife fehlt, um seinen Verstand in die Praxis umzusetzen" (Eliot, 2001, S. 414).

Kinder lernen, dass sie durch die Beherrschung ihrer Affekte den Ausgang ihrer Handlungen selbst beeinflussen können, dass sie also „ihres Glückes Schmied" sind und Erfolg oder Misserfolg auf diese Weise zum großen Teil von ihnen selbst abhängen. Da sie aber weniger durch Worte als durch Taten lernen, lernen sie natürlich auch und gerade in diesem Bereich von ihren Vorbildern, also zuvorderst von ihren Eltern. Wir können ihnen zeigen, dass auch wir uns nicht jeden Wunsch sofort erfüllen können und in der Lage sind, mit dieser Tatsache umzugehen.

Sobald Kinder Affektbeherrschung lernen, lernen sie auch, sich in ein soziales Gefüge, eine Gemeinschaft zu integrieren: „Die Fähigkeit, Impulse zu kontrollieren, ist auch für die Entwicklung eines Wertesystems entscheidend. Denn Werte haben mit Zielen zu tun und damit, dass man in der Lage ist, etwas zu lassen, um etwas anderes zu tun" (Liebertz, 2004, S. 100).

E   Mit anderen fühlen lernen

Wenn wir gelernt haben, unsere eigenen Gefühle wahrzunehmen und mit ihnen umzugehen, dann können wir auch leichter die Gefühle unserer Mitmenschen erkennen und angemessen auf sie reagieren. „Zu wissen, was andere fühlen (...), ist die Grundlage der Menschenkenntnis. Wer einfühlsam ist, vernimmt eher die versteckten sozialen Signale, die einem anzeigen, was ein anderer braucht oder wünscht", stellt Daniel Goleman fest (Goleman, 1995, S. 66).

Babys sind zwar bereits in der Lage, die Gefühle anderer Babys und Erwachsener wahrzunehmen, aber erst mit etwa zwei Jahren sind Kinder fähig, Empathie und Hilfsbereitschaft zu entwickeln. Kinder, die früh lernen, nicht nur ihre eigenen Gefühle, sondern auch das emotionale Leben anderer Menschen zu verstehen, verhalten sich später sozial kompetenter.

Allerdings dürfen wir hier von kleinen Kindern unter drei Jahren nicht zu viel erwarten. Sie leben ja noch ganz in ihrer Welt und müssen zuerst dafür sorgen, dass ihre eigenen Bedürfnisse erfüllt werden, bevor sie sich den Bedürfnissen anderer zuwenden können. Dies zeigt sich z. B. daran, dass es den meisten Kleinkindern schwerfällt, anderen etwas aus ihrem Besitz zu überlassen oder mit ihnen zu teilen. Kleinkinder müssen erst einmal erleben und begreifen, dass es Besitz gibt, der ihnen persönlich gehört, bevor sie etwas davon an andere abgeben können. Es ist für ihre Entwicklung wichtig, dass wir sie ihrem Entwicklungsstand gemäß unterstützen und nicht mit den Wertvorstellungen unserer Erwachsenenwelt überfordern. Auf diese Weise lernen die Kinder dann allmählich „die Waagschalen von Zu- und Abneigung, von Freund und Feind, von Freud und Leid feinfühlig auszupendeln und die Zwischenräume mit Erfahrungen zu füllen" (Liebertz, 2004, S. 117).

Erst mit drei Jahren können Kinder den für die Entwicklung von Selbstlosigkeit und Empathie bedeutsamen Schritt vollziehen: von der Besitz ergreifenden Beziehung hin zur Fürsorge. Wir können diesen Schritt unterstützen, indem wir sie früh mit einbeziehen in die Pflege einer Pflanze, eines Haustiers – oder aber eines kleinen Geschwisterchens!

Um Kindern eine einfühlsame Haltung ihrer Umwelt gegenüber zu vermitteln, ist auch hier wieder unser Beispiel und unsere Vorbildfunktion gefragt: Wie sorgen wir für unsere Umgebung? Wie einfühlsam verhalten wir uns? Wie reden wir über unsere Mitmenschen? Können unsere Kinder von uns einen fürsorglichen Umgang lernen?

F Die „Kunst der sozialen Beziehung" lernen

Daniel Goleman zufolge besteht die Kunst bei der Pflege sozialer Beziehungen zum Großteil darin, mit den Emotionen anderer umzugehen. Bereits kleine Kinder lernen, die Stimmung ihrer Spielpartner oder die Gefühlslage ihrer Eltern einzuschätzen – z. B., wenn es um den richtigen Zeitpunkt geht, einen Wunsch vorzubringen.

Charmaine Liebertz beschreibt die Schwierigkeit des sozialen Lernens mit folgendem Vergleich: „In der Kindheit müssen wir uns Schritt für Schritt die sozialen Konventionen und ethischen Werte unseres Kulturkreises aneignen. Dagegen sind die Regeln der Grammatik ein Kinderspiel" (Liebertz, 2004, S. 131). Um unseren Kindern diesen Lernprozess zu erleichtern, können wir sie – mit zunehmendem Alter – darin bestärken, direkt zu anderen zu sprechen, von sich aus sozialen Kontakt zu suchen, sich bei einem Gespräch nicht nur auf „Ja" oder „Nein" zu beschränken, „Bitte" und „Danke" zu sagen und das Teilen zu lernen.

Wer später als Erwachsener solche Regeln des Miteinanderumgehens nicht befolgt, sorgt bei seinen Mitmenschen für Unruhe und Unbehagen und erntet oft Ablehnung. Auch Kinder, die emotionale Signale missdeuten, so zeigen uns neuere Forschungsergebnisse, erreichen in der Schule im Durchschnitt schlechtere Ergebnisse als ihre Lernbegabung vermuten ließe.

Möglichkeiten zum sozialen Lernen gibt es viele: Im gemeinsamen Spiel mit den anderen erproben Kinder den Umgang miteinander. Wenn wir Kontakte zwischen Gleichaltrigen, also auf gleicher „Augenhöhe", herstellen, fördern wir die soziale Kompetenz unserer Kinder mehr als durch den Kontakt mit Älteren oder Jüngeren. Zwischen Gleichaltrigen müssen Konflikte nämlich anders geregelt werden als zwischen Kindern mit Altersunterschied. Gleichaltrige Kinder haben ja auch ähnliche Interessen und ähnliche Denkvoraussetzungen.

Prozesse der Verständigung, des Aushandelns und der Kooperation, aber auch der Konfliktbewältigung und der Abgrenzung finden bei kleinen Kindern noch weniger über Sprache statt als über den Umgang mit Dingen und Spielinhalten. Deshalb sollten Kinder in Bezug auf Spielpartner, Spielorte, Spielmaterialien und Spieldauer Wahlmöglichkeiten haben. Je mehr sie selbst bestimmen können, mit wem, wo, was und wie lange sie spielen, desto stärker erleben Kinder ihre Selbstwirksamkeit und desto eher gewinnen sie Selbstvertrauen.

G Lieder, Fingerspiele und Verse „zeigen Gefühl"

Unsere altbewährten Kinderlieder eignen sich nicht nur zur Förderung von sprachlicher und musikalischer Kompetenz, sie unterstützen auch die Bildung von emotionaler Intelligenz! Wie Singen und Gefühl zusammenhängen, das wurde bereits im Kapitel über die musikalische Intelligenz (Kap. III.2) dargestellt. Hier soll es

nun darum gehen, wie sich die Inhalte dieser Kinderlieder auf die Entwicklung der emotionalen Fähigkeiten unserer Kleinen auswirken.

Viele überlieferte Kinderlieder berichten nicht nur von Menschen und Tieren, sondern auch von deren Gefühlen. Kinder finden sich daher in diesen Liedern mit ihrer eigenen Bandbreite an Gefühlen wieder – mit ihrer Gefühlswelt, die sie in diesem Alter oft noch nicht selbst ausdrücken können. Sie erfahren in Liedern und Versen von unterschiedlichen Gefühlen, durchleben Gefahren, die ein glückliches Ende nehmen und entwickeln Empathie.

Für die Praxis sei hier auf die große Bandbreite der in diesem Buch vorgestellten Kinderlieder verwiesen, die den Kindern an vielen Stellen emotionale Erlebnisse und Identifikationen ermöglichen.

Häschen in der Grube
... armes Häschen bist du krank, ...
(Einfühlung)

Sum, sum, sum, Bienchen sum herum
... ei, wir tun dir nichts zuleide ...
(Rücksicht)

Kling Glöckchen klingelingeling ...
... lasst mich ein ihr Kinder, ist so kalt der Winter,
öffnet mir die Türen, lasst mich nicht erfrieren ...
(Mitleid)

Lasst uns froh und munter sein ...
Lustig, lustig ...
(Fröhlichkeit)

Schneeflöckchen, Weißröckchen
... wir haben dich gern
(Zuneigung)

Bei vielen Fingerspielen ist ein Spannungsbogen zu spüren, eine Gefahr wird bewältigt und kommt am Schluss zu einem guten Ende nach dem Motto: „Ende gut, alles gut", wie in folgendem Beispiel:

Ich kenn ein kleines Kasperlhaus
... der Kasperl wird vor Angst ganz blass ...
... und Kaperl kommt wieder raus, hahahahaha ...
(Angst bewältigen)

◆ Schätze für uns Erwachsene ...

Gerade die emotionale Entwicklung unserer Kinder mit ihren Höhen und Tiefen bringt uns oft an unsere Grenzen. Wir sind ihr manchmal ratlos ausgeliefert und müssen doch eine Lösung finden, und zwar eine gewaltfreie! Das heißt aber nichts anderes, als dass dabei auch unsere emotionale Kompetenz auf den Prüfstand gestellt wird. Welche Lösungswege finden wir Erwachsenen in bestimmten Situationen und mit wem? Gelingt es eigentlich uns Erwachsenen immer, unsere Emotionen in den Dienst eines Ziels zu stellen, d.h. Selbstbeherrschung und Selbstmotivation aufzubringen, wenn es nötig ist? Gestalten wir selbst unsere Beziehungen so, dass sie auch tragfähig sind?

Diese kleine „Gewissenserforschung" zeigt, welche Lernmöglichkeiten uns unsere Kinder im Alltag anbieten, wenn wir sie in ihrer emotionalen Entwicklung begleiten.

Was Kinder sonst noch für eine gelungene Persönlichkeitsentwicklung brauchen

A Gipfelstürmer brauchen ein Basislager

Unsere Kinder sind Gipfelstürmer, sie wollen hoch hinaus. Die Leistung, die sie in ihren ersten Lebensjahren vollbringen, ist mit späteren Lebensphasen nicht vergleichbar. Aber sie brauchen ein „Basislager". Diese sichere Basisstation für ihre Expeditionen ins Unbekannte suchen sie bei ihren Eltern, ihren Bezugspersonen, zu denen sie eine intensive Gefühlsbindung und ein lang anhaltendes emotionales Band aufbauen wollen. Wenn Kinder sich in ihrer Basisstation sicher fühlen, wenn die Qualität ihrer Beziehung, ihre „Bindung" stimmt, dann haben sie die nötige Energie und Neugier, sich ihre Umwelt anzueignen.

Wenn diese Basis jedoch nicht in Ordnung ist, wenn Kinder sich der Zuneigung ihrer Bezugsperson nicht sicher sein können, dann kreisen ihre Bemühungen immer um die existenziellen, lebensnotwendigen Dinge: angenommen zu sein, geliebt zu werden, sicher zu sein, dass ihre Bedürfnisse nach Nahrung, Wärme und Schutz erfüllt werden. Wenn Kinder ihre Bezugsperson nicht als zuverlässig erleben, schwanken sie zwischen Angst und Wut auf der einen und passiver, hilfloser Verzweiflung auf der anderen Seite. Sie haben weniger Kraft und Motivation, ihre „Gipfel zu erstürmen", ihre Umwelt zu erkunden und sich neue Fähigkeiten anzueignen. Demgegenüber kann ein Kind aus einer sicheren Bindung heraus eine gesunde Selbstständigkeit entwickeln und den Ausbau seiner geistigen und körperlichen Fähigkeiten vorantreiben.

Auch die renommierte Erziehungsstilforscherin Diana Baumrind schreibt: „Kinder brauchen erst Wurzeln, dann Flügel" (Graf, 2006, S. 48). Erst wenn wir unsere Wurzeln ausbilden, uns tief und fest verankern konnten, dann können wir uns aus dieser Sicherheit, aus dieser „Basisstation" heraus Neuem, Unbekanntem zuwenden.

Die Notwendigkeit einer stabilen Bindung bei uns Menschen hat entwicklungsgeschichtliche Wurzeln: „Bindungsverhalten hat sich evolutionsbiologisch zur Arterhaltung entwickelt: Diejenigen Säuglinge, die durch Bindungsverhalten Nähe und Schutz durch eine Bindungsperson sicherstellen konnten, hatten vermutlich eine höhere Überlebenschance" (Brisch, 2004, S. 29). Um unsere genetisch angelegten Möglichkeiten der Hirnentwicklung nutzen zu können, braucht unser Gehirn optimale Entwicklungsbedingungen, betont der Hirnforscher Gerald Hüther. Auch er vergleicht die Entwicklung eines Kindes mit der einer Pflanze: Bei der Pflanze entscheidet der Same, welche Wurzeln sie bekommt – beim Kind der Mensch. Hüther warnt zugleich: „Wenn der Boden, auf dem Kinder stehen, zu dünn wird, brechen sie irgendwann ein" (Hüther, 2003, S. 35).

Bindung findet immer dann statt, wenn es um soziale Beziehungen zum Kind geht, also beim Füttern, Wickeln oder Schlafenlegen genauso wie im Zwiegespräch mit ihm.

Wenn wir unsere Kinder feinfühlig unterstützen, dann ermöglichen wir es ihnen, ein Bild von sich selbst und der sie umgebenden Welt zu entwickeln. Dazu gehört, dass wir die Signale unserer Babys aufmerksam wahrnehmen und angemessen und prompt auf sie reagieren, d.h. innerhalb einer noch tolerierbaren Frustrationszeit. Babys, auf deren Signale wir nicht reagieren, fühlen sich verlassen und verringern ihre Anstrengungen, ihre Bedürfnisse mitzuteilen.

Das heißt nicht, dass wir als Eltern immer perfekt sein müssen oder dass es keine Konflikte geben darf. Wir sollten aber in jedem Fall authentisch sein. Unsere Handlungen sollten also mit unseren Gefühlen übereinstimmen, sonst verwirren wir unsere Kinder mit einer doppeldeutigen Botschaft („Die Mama lacht, aber ich spüre, dass sie sauer ist ...").

Studien mit Erwachsenen haben überdies gezeigt, dass die Bindungserfahrungen aus der eigenen Kindheit auch maßgeblich die Qualität der Bindungsmuster beeinflussen, die wir mit unseren eigenen Kindern aufbauen. Sie werden also über Generationen hinweg weitergereicht.

B Gipfelstürmer brauchen Wegweiser

Unsere kleinen Gipfelstürmer brauchen aber nicht nur eine sichere Basis, von der aus sie zu ihren Expeditionen aufbrechen, sie brauchen auf ihren Entdeckungsreisen in das Leben auch die richtige Begleitung, die richtigen „Weg-weiser" ins Unbekannte.

Anteilnahme und Wertschätzung

Kinder sind auf unsere Anteilnahme, Anerkennung und Wertschätzung angewiesen (vgl. Tschöppe-Scheffler, 2007, S. 43). Wenn sie diese erhalten, dann spüren und erkennen sie, dass der Weg, den sie eingeschlagen haben, gut und richtig ist. Sie versichern sich mit Blicken, Worten („Schau mal, was ich kann!") und Gesten unserer Rückmeldung. Sie wollen von uns aber nur so viel Hilfe, wie unbedingt nötig ist („selber machen!"), um ihren Weg selbst weiterzugehen, ganz nach dem Prinzip von Maria Montessori: „Hilf mir es selbst zu tun!".

Wenn wir dagegen mit Ablehnung, Abwertung, Geringschätzung oder Ironie reagieren, dann lernt unser Kind nicht, dass das, was es vollbracht hat, gut und wertvoll ist. Es zieht daraus vielmehr den Schluss, dass es sich nicht lohnt, sich anzustrengen. Sein Selbstwertgefühl sinkt ebenso wie seine Lust und Bereitschaft, den anstrengenden Weg der „Weltaneignung" weiterzugehen. Daher ist es für die kindliche Persönlichkeitsentwicklung äußerst bedeutsam, dass wir unsere Kinder immer wieder durch Lob bestärken – auch für nur kleine Fortschritte – und auch Fehler akzeptieren, ganz nach der alten Volksweisheit: „Es ist noch kein Meister vom Himmel gefallen". Kinder brauchen unsere Bestärkung und Ermutigung. Leben lernen besteht ja schließlich aus Versuch und Irrtum, und nur wer nichts probiert, der kann auch nichts falsch machen!

Struktur und Klarheit

Um unseren Kindern „Wegweiser" zu sein, müssen wir des Weiteren für klare Strukturen sorgen, zum Beispiel im Tagesablauf. Strukturen, die sich auch in Ritualen (siehe Kap. III.7) ausdrücken können, geben Kindern Sicherheit, Chaos dagegen irritiert sie. Auch durch klare Grenzen und Regeln bieten wir unseren Kindern Sicherheit. Grenzen und Regeln sind für sie wie „Leitplanken", innerhalb derer sie sich auf ihrem Weg ins Leben bewegen können. Zu viel Freiheit macht kleinen Kindern Angst – sie wissen nicht, wo sie endet und das führt ebenfalls zu Verunsicherung. Auch wenn erzieherisches Verhalten von Inkonsequenz und Beliebigkeit geprägt ist (nach dem Motto: „einmal hü, einmal hott" oder der Devise „Zuckerbrot und Peitsche"), können unsere „Gipfelstürmer" ihren Weg nur schwer finden und kommen dann vielleicht erst später an ihr Ziel. Ebenso negativ wirken sich auf der anderen Seite Überbehütung und zu viel Kontrolle aus (Tschöppe-Scheffler, 2007, S. 44). Sie schränken die für die Entwicklung von Fähigkeiten oder Intelligenzen unabdingbaren Freiräume unserer Kinder ein, und der Weg ins Leben verschwindet im Nebel von Verboten, Befehlen und schließlich Resignation.

Fördern statt überfordern

Auch auf diesem Gebiet gilt es, den „goldenen" Mittelweg zu finden: Überforderung und einseitiges Leistungsstreben hemmen die Entwicklung unserer kleinen Entdecker ebenso wie mangelnde Förderung oder eine anregungsarme Umgebung. Die meisten Eltern wissen aber intuitiv, was für sie und ihr Kind das Richtige ist, und die Kinder zeigen es uns auch deutlich, wenn ihnen zu viel oder zu wenig abverlangt wird (sie werden dann entweder unruhig und nervös oder sie langweilen sich). Alles, was wir hier tun müssen, ist also, genau auf sie zu achten. Wenn wir ihnen eine Umgebung zur Verfügung stellen, in der sie selbst wählen können, was für sie altersgerecht und für ihre jeweilige Entwicklungsstufe angemessen ist, dann werden unsere Kinder ihren eigenen Weg finden!

Zeit lassen

Grundvoraussetzung für eine gute Entwicklung unserer Kinder ist ferner, dass wir ihnen Zeit lassen: Zeit für ihre eigene Entwicklungsgeschwindigkeit, ganz nach der alten Weisheit: „Eine Pflanze wächst nicht schneller, wenn ich an ihr ziehe". Ich reiße vielmehr, um in dem Bild zu bleiben, nur ihre Wurzeln aus!

Viele Eltern vergleichen ihr Kind ständig mit anderen Kindern. Es gibt kaum etwas, das Eltern so verunsichern kann, wie wenn ihr Kind sich in einem Entwicklungsbereich mehr Zeit lässt als ein anderes. Aber Kinder entwickeln sich nunmal nicht alle nach dem gleichen „Fahrplan". Manche können früher sprechen als andere, andere wiederum können früher laufen als der Rest usw. Und meistens übersehen wir Eltern dabei, dass unser Kind in einem anderen Bereich vielleicht schon viel „weiter" ist ...

Werte vermitteln

Kinder wachsen nicht in einem von Werten völlig freien Raum auf. Sie nehmen uns als Vorbild, beobachten unsere Handlungen und Einstellungen: Was ist uns wichtig? Wie verhalten wir uns anderen Erwachsenen und Kindern gegenüber? Gehen wir wertschätzend mit der Natur, den Menschen und Dingen in unserer Umgebung um? All dies und viele weitere Werte lernen die Kinder im alltäglichen, gemeinsamen Leben und Handeln mit uns, und nicht erst später im Religions- oder Ethikunterricht (Schweitzer, 2006, S. 5ff.). Sie hinterfragen uns und unser Verhalten auf ihre ganz eigene Weise – und sie imitieren uns. Dadurch werden wir uns oft bestimmter Handlungen oder Haltungen bewusst, über die wir ansonsten längst nicht mehr nachgedacht hätten.

Weitere Schätze für uns Erwachsene ...

Kaum jemand hinterfragt uns so schonungs- und oft auch gnadenlos wie unsere Kinder. Und kaum jemand hält uns so direkt und unverblümt den „Spiegel" vor wie sie. Damit aber erhalten wir die einmalige Chance, uns und unser Leben in einem neuen Licht zu sehen. In jedem Fall machen uns unsere Kinder die Diskrepanzen zwischen unseren Idealen und der Realität des eigenen Verhaltens bewusst. Und vielleicht erkennen wir sogar, was gut ist, und was wir längst hätten ändern sollen.

Und noch eine weitere Chance vermitteln uns unsere Kleinen: Kinder verzeihen viel – sollten da nicht auch wir uns selbst und unseren Mitmenschen öfter verzeihen? Schließlich sind wir ja alle – auch wir Mütter, Väter und Erziehende – nur Menschen. Aber wie oft vergessen wir dies!

Zum Ausklang

Der Kindergarten der Tiere – oder: Warum weniger manchmal mehr sein könnte ...
Es gab einmal eine Zeit, da hatten die Tiere einen Kindergarten. Das Bildungs-
programm bestand aus rennen, klettern, fliegen und schwimmen, und alle Tiere
wurden in allen Fächern ausgebildet.

Die Ente war gut im Schwimmen, besser sogar als die Erzieher. Im Fliegen war
sie durchschnittlich, aber im Rennen war sie ein besonders hoffnungsloser Fall.
Da sie in diesem Bereich so schlecht war, musste sie immer wieder rennen, um
das Rennen zu üben, und durfte nicht mit zum Schwimmen gehen. Das tat sie so
lange, bis sie auch im Schwimmen nur noch durchschnittlich war. Durchschnittlich war aber akzeptabel, deshalb machte sich niemand Gedanken darüber – nur
die Ente.

Das Kaninchen war zuerst im Laufen an der Spitze der Gruppe, aber es bekam
einen Nervenzusammenbruch und musste vom Kindergarten abgemeldet werden
– wegen der vielen Förderstunden im Schwimmen.

Das Eichhörnchen war Bester im Klettern, aber der Erzieher ließ die Flugstun-
den des Eichhörnchens am Boden beginnen statt im Baumwipfel. Das Eichhörnchen bekam Muskelkater durch Überanstrengung bei den Startübungen und wurde immer schlechter im Rennen.

Die mit Sinn fürs Praktische begabten Präriehunde gaben ihre Jungen zum
Dachs in die Gruppe, als die Bildungskommission es ablehnte, das Buddeln in
die Bildungsvereinbarungen aufzunehmen. Am Ende des Jahres hielt ein anorma-
ler Aal, der gut schwimmen und etwas rennen, klettern und fliegen konnte, die
Schlussansprache in zwei Sprachen.

(Verfasser unbekannt)

Zum Abschluss
Ich hoffe, Sie haben viele verschiedene „Schätze" der Erziehung in ihrer Schatzkiste gesammelt. Betrachten Sie diese, lassen Sie sich überraschen, welche Schätze
in den nächsten Jahren noch hinzukommen und holen Sie immer wieder einmal
einen Schatz zur genaueren Betrachtung hervor – insbesondere dann, wenn es
einmal nicht so leicht ist!

Zum Dank

Dass dieses Buch in der vorliegenden Form entstehen konnte verdanke ich auch Menschen, die meinen Ideen ihre Zeit geschenkt haben! Daher gilt mein besonderer Dank:

Janis Staiger, Diplompädagogin, die mir ihre wissenschaftliche Arbeit zur Hirnforschung zur Verfügung stellte und das Manuskript mit ihrem Fachwissen überprüfte,

Marion Hilger, Erwachsenenbildnerin, und Elisabeth Adelmann-Gafus, Sozialpädagogin, für ihre wertvollen Hinweise zu einzelnen Kapiteln,

Dagmar Teuber-Monico, Medienpädagogin und Elterntrainerin, die nicht nachließ, mich im Vorhaben, dieses Buch zu verfassen, zu bestärken und das gesamte Manuskript mit ihrem kritischen Sachverstand gegenlas,

Petra Hemmer-Thorhorst, Neurologin, die mir den Einblick in aktuelle wissenschaftliche Ergebnisse zur Musiktherapie ermöglichte und das Manuskript im Hinblick auf die Darstellung und Richtigkeit neurobiologischer Erkenntnisse überprüfte,

meinem Ehemann, Kurt Braun, der nicht umhin kam, sowohl als Vater unserer Kinder, als auch als Pädagoge, alle Kapitel, manche mehrmals, in ihren diversen Ausführungen gegenzulesen, für seine ehrlichen und hilfreichen Kommentare,

meiner Familie, die für die Zeit der Manuskripterstellung den zusätzlichen Raum- und Zeitbedarf erduldete,

Gesa Rensmann, die als Lektorin mit ihrem Vertrauensvorschuss dieses Buch ermöglichte und auf jede Frage immer eine hilfreiche Antwort wusste,

allen Eltern und Kindern, die ich im Verlauf meiner beruflichen Tätigkeit begleiten durfte, sowie unserem Sohn Konny und unserer Tochter Lucia, ohne die ich die Erfahrungen, die diesem Buch zugrunde liegen, nie gemacht hätte!

Nicht verhelen möchte ich zum Schluss, dass nicht unwesentliche Teile dieses Buches der inspirierenden Landschaft unserer oberbayrischen Berge zu verdanken sind und es somit in gewisser Weise einen Beweis der Kapitel über Bewegung und Natur darstellt ...

Als Zeichen meines Dankes soll ein Teil des Erlöses aus diesem Buch Kindern zugutekommen, die nicht auf der „Sonnenseite" des Lebens stehen, um auch ihnen ein Leben mit Kopf, Herz und Hand zu ermöglichen!

Literatur

AKF – Arbeitsgemeinschaft für Katholische Familienbildung e.V. (Hrsg.): Der Segen Gottes sei mit Dir. Zeichen und Gesten in der Familie (Elternbriefe du + wir), Bonn 2007.

AKF – Arbeitsgemeinschaft für Katholische Familienbildung e.V. (Hrsg.): Komm wir feiern den Tag, Christliche Rituale in der Familie, Bonn 2007.

Altenmüller, E.; Kopiez, R.: Schauer und Tränen. Zur Neurobiologie der durch Musik ausgelösten Emotionen (Monografien des IfmPF, Bd. 12), Verlag der Hochschule für Musik und Theater, Hannover 2005.

Bäcker-Braun, K.; Arbeitsgemeinschaft für Erwachsenenbildung der Erzdiözese München und Freising (KEB) e.V. (Hrsg.): Sonne, Mond und Sterne. Kunterbunter EKP-Eintopf, München 2002.

Bäcker-Braun, K.: Zum Umgang mit Bildern, in: Rieder-Aigner, H. (Hrsg.): Praxis-Handbuch Kindertageseinrichtungen. Arbeits- und Orientierungshilfe für pädagogische Fachkräfte, Walhalla, Regensburg/Berlin 2000.

Bäcker-Braun, K.: Kreative Methoden, mit Kopf, Herz und Hand bei der Sache, in: Der Elternabend als Chance im Eltern-Kind-Programm. Hilfen zur Planung und Durchführung von Elternabenden, hrsg. v. d. Arbeitsgemeinschaft für Erwachsenenbildung der Erzdiözese München und Freising (KEB) e.V. (Hrsg.), München 1997, S. 39 – S.57.

Bayerisches Staatsministerium für Arbeit und Sozialordnung, Familie und Frauen; Staatsinstitut für Frühpädagogik (Hrsg.): Der bayerische Bildungs- und Erziehungsplan für Kinder in Tageseinrichtungen bis zur Einschulung, Beltz, Weinheim/Basel 2006.

Biesinger, A.: Kinder nicht um Gott betrügen, Herder, Freiburg i.Br./Basel/Wien 2007.

Biesinger, A.: Kinder nicht um Gott betrügen, Vortrag, Salzburg 2007.

Blank-Mathieu, M.: Spiel-Sprache – Sprachspiele. Zur Bedeutung von Reimen und Kinderliedern für das Erlernen der Sprache, in: Textor M.R. (Hrsg.): Kindergartenpädagogik – Online-Handbuch (www.kindergartenpaedagogik.de), 2007.

Bowlby, J.: Bindung. Kindler Verlag, München 1975.

Breithecker, D.: Bewegte Kinder – Schlaue Köpfe. Forum Bildung, Dokumentation didacta, Hannover 2006.

Brink, Ch.: Red mit mir! Viel!, in: Die Zeit, Nr. 19, 2007.

Brisch, K.-H.: Der Einfluss von traumatischen Erfahrungen auf die Neurobiologie und die Entstehung von Bindungsstörungen, in: Zeitschrift für Psychotraumatologie und Psychologische Medizin, Jg. 2, H. 1, 2004.

Brönnle, S.: Landschaften der Seele, Kösel, München 2006.

Brucker, B.: Fingerspiele. Klassiker und neue Ideen für Babys und Kleinkinder, Heyne, München 2004.

Cavaletti, S.: Die Katechese vom guten Hirten. Ein Abenteuer, in: Jahrbuch für Biblische Theologie (JBTh), Band 17, Neukirchener Verlag, Neukirchen-Vluyn, 2002.

Cornell, J.: Mit Cornell die Natur erleben, Verlag an der Ruhr, Mülheim 2006.

Cornell, J.: Auf die Natur hören. Wege zur Naturerfahrung, Verlag an der Ruhr, Mülheim 1991.

Cornell, J.: Mit Kindern die Natur erleben, Ahorn Verlag, Oberbrunn 1979.

Das große Kinder-Weihnachtsbuch, Xenos-Verlagsgesellschaft, Hamburg 1984.

Eder, M.: Welch ein Glück, mit Kindern zu leben, RPA Verlag, Landshut 2002.

Eliot, L.: Was geht da drinnen vor? Die Gehirnentwicklung in den ersten fünf Lebensjahren, Berlin Verlag, Berlin 2001.

Frohne-Hagemann, I.; Pleß-Adamczyk, H.: Indikation Musiktherapie bei psychischen Problemen im Kindes- und Jugendalter. Musiktherapeutische Diagnostik und Manual nach ICD-10, Vandenhoeck & Ruprecht, Göttingen 2005.

Gardner, H.: Abschied vom IQ. Die Rahmentheorie der vielfachen Intelligenzen, Klett-Cotta, Stuttgart 2005.

Gilles-Bacciu, A.: Im Blick auf Erziehung und Religion – Aufgaben für die kirchliche Elternbildung, in: Forum Erwachsenenbildung, Heft 2, hrsg. v. d. Deutschen Evangelischen Arbeitsgemeinschaft für Erwachsenenbildung (DEAE) e.V., Frankfurt/M. 2005, S. 6 – S. 18.

Goleman, D.: Emotionale Intelligenz, dtv, München 1995.

Graf, J.: Erst Wurzeln, dann Flügel, in: Psychologie heute, Februar 2006, S. 46 – S. 51.

Großes Deutsches Liederbuch, Nauman & Göbel Verlagsgesellschaft, Köln 1984.

Grossmann, K.: Bindung und Selbstständigkeit in der Entwicklung. Ergebnisse der Bindungsforschung, unveröff. Manuskript, 2005.

Hillebrand, M.: Mutter-Kind-Gruppen. Werkbuch, Klens-Verlag, Düsseldorf 1994.

Hirler, S.: Musik und Spiele für Kleinkinder, Beltz Verlag, Weinheim 2006.

Hirler, S.: Wie Lieder und Reime die sprachliche Entwicklung fördern, aus: WWD, Ausgabe 76, 2002, S. 15–17.

Hüther, G.: Wie lernen Kinder? Vorraussetzungen für gelingende Bildungsprozesse aus neurobiologischer Sicht, in: Forum Erwachsenenbildung, Heft 3, hrsg. v. d. Deutschen Evangelischen Arbeitsgemeinschaft für Erwachsenenbildung (DEAE) e.V., Frankfurt/M. 2006, S. 7 – S. 16.

Hüther, G.: Brainwash. Einführung in die Neurobiologie für Pädagogen, Therapeuten und Lehrer, Vortrag (DVD), Auditorium Netzwerk, Tuttlingen 2006.

Hüther, G.: Die Bedeutung früher Bindung für die Hirnentwicklung und das Verhalten von Kindern, GfG-Rundbrief, Düsseldorf 2003.

Ilpen, D. (Hrsg.): Des Sommers letzte Rosen. Die 100 beliebtesten deutschen Gedichte, C.H. Beck, München 2001.

Ilschner F.: Verkörperte Zeiträume, Diss., Universität Duisburg-Essen, 2004.

Klemme, B.; Holterman, D.: Baumblättersalat. Neue Delikatessen vom Waldesrand, Walter Rau Verlag, Düsseldorf 1999.

König, H.: Das Jahr erleben, Kösel, München 2007.

Köthe, I.: „Nicht singen!" Frühe Bindungsstörungen eines Adoptivkindes, unveröff. Abschlussarbeit im Fach Musiktherapie, Freies Musikzentrum München, 2007.

Lehnen-Bayel, I.: Mathe ist Babykram, in: www.wissenschaft.de, 2007 (Quelle: McCrink, K.; Wynn, K.: Psychological Science, 2004, Bd.15, Nr.11).

Liebertz, Ch.: Das Schatzbuch ganzheitlichen Lernens, Don Bosco, München 2005.

Liebertz, Ch.: Das Schatzbuch der Herzensbildung, Don Bosco, München 2004.

Ludwig, S. (Hrsg.): 99 Lieblingslieder. Mit Fingerspielen, Reimen und Bewegungsideen, Don Bosco, München 2006.

Meyn-Schwarze, C.: Das Liederbuch für ganz kleine Leute, Hilden, 2002.

Meise, S.: Memory Talk. Wie Erinnerungen entstehen, in: Psychologie heute, März 2006, S. 64 – S. 68.

Montessori, M.; Becker-Textor, I. (Hrsg.): Kinder lernen schöpferisch – Die Grundgedanken für den Erziehungsalltag mit Kleinkindern, Herder, Freiburg i.Br./Basel/Wien 1994.

Nöcker-Ribaupierre, M; Lenz, M.G.; Hüther, G.: Zur Wirksamkeit musiktherapeutischer Interventionen aus entwicklungsbiologischer Sicht, in: Jahrbuch Musiktherapie, Bd. 2, Wiesbaden 2006.

Nuber, U.: Emotionale Intelligenz. Die Vorraussetzung für Lebenserfolg, in: Psychologie heute, Juni 2006, S. 8 – S. 9.

Otto, A.: Musik, die uns berührt, in: Psychologie heute, Mai 2006, S. 32 – S. 35.

Papousek, M.: Wurzeln der kindlichen Bindung an Personen und Dinge, in: Eggers, C. (Hrsg.): Bindungen und Besitzdenken beim Kleinkind, Urban & Schwarzenberg Verlag, München 1984, S. 155–184.

Preuschoff, G.: Von 0 – 3. Alltag mit Kleinkindern, PapyRossa Verlag, Köln 2006.

Röser, J.: Mut zur Religion. Erziehung, Werte und die neue Frage nach Gott, Herder, Freiburg i.Br./Basel/Wien 2005.

Romberg, J.: Glückserlebnis Singen, in: Geo, H. 3/2007, S.32 – S. 48.

Saloway, P.; Grewal, D.: Mayer-Saloway-Caruso Emotional Intelligence Test, in: Current Directions in Psychological Science, Bd. 14, H. 6, 2005.

Schäfer, G.: Bildung beginnt mit der Geburt, Beltz, Weinheim/Basel/Berlin 2003.

Scheuerer-Englisch, H. u.a. (Hrsg.): Wege zur Sicherheit. Bindungswissen in Diagnostik und Intervention, Psychosozial-Verlag, Gießen 2003.

Schweitzer, F.: Dienst am Kind ist Gottesdienst, in: Herder Korrespondenz, 61. Jahrgang, Ausg. 8, 2007.

Schweitzer, F.: Werte erwachsen, in: Stimme der Familie, 53. Jahrgang, H. 3/4, 2006, S. 5 – S. 6.

Kath. Landjugend Bayern e.V. (Hrg.): Segen. Werkbrief für die Landjugend (Liturgische Arbeitshilfen, Bd. III), München, 1999.

Spitzer, M.: Erfolgreich lernen in Kindergarten und Schule (DVD), Auditorium Netzwerk, Tuttlingen 2006.

Spitzer, M.: Lernen, Gehirnforschung und die Schule des Lebens, Spektrum, Heidelberg/Berlin 2002.

Spitzer, M.: Musik im Kopf. Hören, Musizieren, Verstehen und Erleben im neuronalen Netzwerk, Schattauer, Stuttgart 2002.

Staiger, J.: Die Bedeutung ausgewählter Ergebnisse der Hirnforschung für die Kleinkindpädagogik, unveröff. Diplomarbeit, Freie Universität Berlin, 2005.

Syracuse University: Moderne Familien brauchen Rituale, Link auf dem WDR-Portal für Sonder- und sonstige Pädagogen (Aktuelles) (www.sonderpaedagoge.de) 2002.

Tschöppe-Scheffler, S.: Fünf Säulen der Erziehung, Matthias-Grünewald-Verlag, Ostfildern 2007.

Unsere Lieder, „Eltern-Kind-Programm e.V." Stockdorf 1992 (kein Verlag angegeben).

Viehweg, M.: Womit Babys rechnen, www.wissenschaft.de, 2007 (Quelle: Berger, A. u.a., 2006: PINAS, Bd.103, S. 12649).

Weihnachtsgedichte zum Aufsagen, Schneider-Buch, Franz Schneider Verlag, München 1965.

Wilmes-Mielenhausen, B.: Kleinkinder in ihrer Kreativität fördern, Herder, Freiburg i.Br./Basel/Wien 2007.

Zimmer, R.: Schafft die Stühle ab! Was Kinder durch Bewegung lernen, Herder, Freiburg i.Br./Basel/Wien 2002.

Verzeichnis der Fingerspiele und Kniereiter

Verzeichnis der Kinderlieder

Quellenverzeichnis

Seite 64 und 67
„Das ist gerade – das ist schief", aus: Das Liederbuch für die ganz kleinen Leute,
hrsg. v. Evangelischen Erwachsenenbildungswerk Nordrhein, Düsseldorf, 1999

Seite 107
„Bärlauchpesto", aus: Brigitte Klemme, Dirk Holterman, Delikatessen am Wegesrand,
© Edition Rau im Mädler-Verlag, Dresden 1995

Seite 108
„Salatteller `Waldspaziergang´", aus: Brigitte Klemme, Dirk Holterman, Delikatessen am
Wegesrand, © Edition Rau im Mädler-Verlag, Dresden 1995

Seite 116
„Quarkauflauf mit Brombeeren und Bucheckern", aus: Brigitte Klemme, Dirk Holterman,
Delikatessen am Wegesrand, © Edition Rau im Mädler-Verlag, Dresden 1995

Seite 116
„Bucheckern-Plätzchen", aus: Brigitte Klemme, Dirk Holterman, Delikatessen am Wegesrand,
© Edition Rau im Mädler-Verlag, Dresden 1995

Seite 126f.
Max Frisch: „Vom Sterben", aus: Max Frisch, Tagebuch. 1946–1949, © Suhrkamp Verlag Frankfurt am Main 1950

Seite 139
„Wir sagen Euch an den lieben Advent" von Heinrich Rohr (Melodie) und Maria Ferschl (Text):
© Verlag Herder, Freiburg

Seite 149
„Altbayerische Weihnachten" von Franz Xaver Rambold, aus: Weihnachtsgedichte,
© Franz Schneider Verlag, München 1965

Seite 157
„Viel Glück und viel Segen" von Werner Gneist (Text und Melodie),
© Bärenreiter-Verlag, Kassel

Krippenkinder betreuen und fördern

112 Seiten, farbige Illustrationen, inkl. Musik-CD
ISBN 978-3-7698-1866-6

96 Seiten, farbige Illustrationen
ISBN 978-3-7698-1854-3

96 Seiten, farbige Illustrationen
ISBN 978-3-7698-1905-2

96 Seiten, farbige Illustrationen, Notensatz
ISBN 978-3-7698-1950-2